Mørket — Håpet

Chand Svare Ghei

Mørket – Håpet

Chand Svare Ghei

Bok 2

Førsteutgave © 2011 Chand Svare Ghei

Grafisk design:
Chand Svare Ghei

Coverbilde/Fotoillustrasjoner:
Viola Depcik

Distribusjon:
www.chasvag.com

Utgitt på eget forlag

www.chasvag.com – e-post : don_chand@chasvag.com

ISBN 978-82-998681-2-9 (trykt)
ISBN 978-82-998681-3-6 (e-bok)

Det knuste og svulmet inni ham,

de stod og skrek i trynet til hverandre.

Han brukte alle triks han ikke kunne, han var desperat.

Det var henne han hadde ventet hele sitt liv på,

det var henne han ville ha.

I et lite glimt av tid glitret det i øynene hennes,

så falt hun tilbake ned i kulden, brønnen,

tilbake til mørket. Hun kunne ikke elske mer.

Spesiell takk til:
Viola Depcik, Kari Hansen Mortenstuen, Arne Martin Barlund, Melina Næss Nilsen og Jan Håvard Bleka.

Takk til:
Bjørn, Bulf, Juan, Thale, Kai, Kristian, Birger, Sandro, Sanne, Torbjørn, Rosel, Andreas, Hilvi, Marcus, Lynette, Eva, John Erik, Øystein, Svein, Bjørn, Kristian, Vidar, Gunn, Elisabeth, Thomas, Kari, Linda, Klaus og Fabian.

Og den person som fikk meg til å innse at jeg selv måtte ta tak i selve livet for å virkeliggjøre mine drømmer. Denne boken er et produkt av mine livsdrømmer.

Forord

Jeg har trodd på Chand Svare Gheis historier i flere år, og jeg får de samme bildene nå som da. Jeg trodde mannen var en smule gal. Som en halvt norsk, halvt indisk Charles Bukowski eller Hunter S. Thompson. Bildene er av en mann som vil ha taket på livet, og som aner en viss sammenheng i de tilsynelatende fragmenterte, surrealistiske historiene. Som snor seg rundt i verden, uten annet mål enn å kjenne på sin egen eksistens, fra inn- og utsiden i vekslende frekvens. Som i det ene øyeblikket tror på en vakker verden med tydelige spor av magiens eksistens. For så å stupe inn i sosialrealismens beksvarte og kalde mangel på tilknytning, der alle øser sin egen sprukne båt. Men øsa er lånt, og eieren vil ha den tilbake, NÅ!

Det jeg antar, er at denne mannen begir seg hen til dagdrømmende filosofering, kombinert med ravende fyllekuler. Dette er bare noe jeg tror, ta det ikke som en sannhet. Der observasjonene fra de forgående 30 år blir revitalisert og gir en ny mening. Han traver fra senga til skrivebordet. Og vet at det finnes en sammenheng. Der observasjoner fra oppveksten i Gausdals tidlige (og eneste) alternative kollektiv skrus sammen med lokale karakterer fra distriktet, eller episoder fra den for meg mystiske jobben som agent i NATO. Ta også dette med en klype salt. Han er antageligvis ikke agent.

Det er ikke for alle å ikle seg en hatt, og dra på byen som «supersvensken». Det er heller ikke for alle å søke etter noe man kanskje alt har funnet for lenge siden, men som viser seg å være ugjenkjennelig. For evig ugjenkjennelig. Det finnes et levd liv bortenfor dette, som krever å bli nedskrevet. Av Chand Svare Ghei. Om det er et liv levd eller drømt, har ikke lenger noen betydning. Det som gir mening i galskapen er også det usagte, som vitner om en annen person enn den jeg kjenner. Som kanskje har gjort alt dette, som deltager eller observatør. Chands historier kan være ubehagelige. Men også svært behagelige, da som inspirasjon og veiviser for subtile ledetråder som dukker opp i seinere situasjoner. Og de er alle sanne. De stammer fra en sann mental tilstand som alle ønsker å være i en stund, men som denne mannen faktisk må leve i daglig. Puste ut og inn i, fordi det ikke finnes noen utvei. Det er bare å lese videre, skrive videre, tro på det som står skrevet, og vite at det handler om livet. Og ligner det ikke livet ditt, må du være klar over at det er mye du har gått glipp av.

Arne Martin Barlund
September 2011, Oslo.

Mørket

«Mine handlinger er sterkt begrenset av dyp ondskap.»

Jeg vet ikke om det var bedre før, dengang mine handlinger var styrt av lyset; antageligvis. Begge styrer deg mot noe – blokkerer visse handlinger. Jeg fortrekker nok det gode. Det stjeler mindre av valgfriheten min. Det undrer meg dog, var det slik at det var selve valgfriheten som lot det skje; at det onde til slutt fikk overtaket?

Uansett hvor mye dårlig samvittighet som nager meg så liker jeg å se på meg selv som uskyldig. At jeg ikke kunne noe for at ting gikk som det gikk; alt gikk skeis. At det går an å miste så mye, å miste alt.

At den verden som har tatt meg til seg, har senket et mørkt teppe over meg. Alt har blitt til smerte. En smerte som ikke er til å tåle. Et savn som ikke er til å utstå. Jeg husker ikke lenger hvordan verden var. Jeg aner ikke hvorfor jeg måtte havne her – hva som er meningen.

Smerten er ikke til å holde ut. Jeg kan ikke røre meg. Jeg kan ikke ligge stille.

Sånn har livet vært så lenge jeg husker. Jeg vet at alt er glemt. Jeg prøver å huske – men alle minnene er smerte. Er hele livet mitt bare lidelse? Har det alltid vært mørkt? Hjertet dunker – hodet dunker. Kroppen skjelver. Hva er denne skjelven som kommer innenfra, som om den kommer fra selve sjelen? Hva er det?

Det kan da ikke være sånn at alle minner er grusomme? Det kan ikke ...??

NEI! Det er ikke sånn. Dypt inne i meg, vet jeg at det finnes fine, vakre minner. Jeg vet at det har vært trygt og godt en gang. Bare jeg kan klare å huske det. Hvordan var det gode liv? Hvordan havnet jeg her?

Del A

En tornado av farger

«En ekte, ufortalt hemmelighet er noe
vi alle bærer på» – Henry

Det som er på alles tunger nå om dagen er: Når kommer høsten dette året? Kalenderen viser at det er på tide. Fortsatt er temperaturen ikke verre enn at en del fortsatt finner veien til stranden. Ikke så mange, nødvendigvis, men akkurat passe for å nyte leken i vannkanten.

Løpe rundt på grensen til Kaptein Nemos rike, mot det dype og ukjente. Lite vet og bryr de seg om draugen som ligger og lurer – bare venter på en sjanse på sanke inn en av dem.

En gul golf GTI kjører i lynende fart langs stranden, ruser avgårde som om den iallefall har skjønt at det er på tide å stikke av fra draugen. Litt til høyre, noe bak, kommer en rød nyboble susende i ca. 170 km i timen.

Det er strandrace. Opp, ned sanddynene. Dype spor legger seg flate etter de røde og gule lynene som bare har ett mål: Være først – vinne!

Når racet er over, parkerer de bilene oppe ved en liten bakke. Setter seg i gresset og pilser sammen. Det var et vennerace. De morer seg. Hygger seg. Snakker om høsten. Lurer på om den kommer snart.

Henry og Olav vet at de må tilbake til jobb om en time, men de orker ikke tanken. De slapper heller av med nok en øl. Anders og hans følge,

Jeanette, forteller om hvordan faren til Anders tok overdose og havnet på akutten. De har akkurat vært innom og ønsker å drukne sorgene i grønne, klare glassflasker med Carlsberg.

Henry avskyr Carlsberg pga. den lyse, danske, kommersielle smaken, eller mangel på sådan, men de har ikke annet å drikke så han hyler de ned som om de var Warsteiner eller Bitburger. Henry er ikke av dem som spytter i glasset.

Olav har dårlig samvittighet for jobben, men han tør ikke utfordre Henry når han er i drikkeform, han har prøvd det før og det har bare ledet til masse trøbbel. Olav er på ingen måte noen tøffel, men han vet å innordne seg etter rang – alt han må ta imot av dritt fra Henry gir han videre i trippelt monn til dem som er under ham.

Anders:	«Jeg tror ikke vi får noen høst i år.»
Olav:	«Klart det blir høst, den er bare litt sen.»
Henry:	«Det er høst alt, det er kalenderen som bestemmer – ikke været. Hadde det regnet hele juni og juli så hadde man likevel kalt det sommer.»
Olav:	«Henry, du skal alltid være så smart, lissom.»
Anders:	«Jeg synes det var en fin tankegang, jeg, bortsett fra at det er bare piss. Det blir ingen høst – dermed basta.»
Alle:	«Skål på det.»

Fire sixpacker går med mens solen forsvinner fra horisonten. Det er ikke lenger behagelig å sitte der i shorts og T-skjorter. Alkoholen gir litt varme – de går over til å drikke sprit: dårlig russisk vodka med billig appelsinjuice.

Det ringer i en gammel Nokia-modell, en av de første. Anders har aldri tatt seg bryet med å skaffe seg en ny. Sykehuset har dårlige nyheter: Farens tilstand har blitt forverret – han kan dø når som helst.

Gjengen hopper i bilene. De som er fullest kjører: Henry og Anders.

Som lyn kjører de om kapp nedover stranden, oppover sanddyner og nedover i sandgroper. Mørket omfavner dem. Hodelyktene lager avlange rør som fekter på sandkornene. Det er et annet slags race denne gangen, et mellom liv og død.

De kjører av mot sykehuset og setter opp farten.

Trærne sørger mot vinden. Bladene bare venter på frigjøring av fargene, til å vise fram sin høstprakt til alle. Granen tror som vanlig at den er enerådende, siden den alltid er grønn. Sannheten er at den aldri kan overgå de andre trærne i den tiden de er påfugler.

Sykehus er alltid kaos, uvennlige steder. Med mennesker som en gang hadde omsorg, men mistet den i byråkrati og råhet. Personer som har sett så mye at posene under øynene deres aldri kan viskes vekk. Mennesker med de gaver og ferdigheter som skulle til for å stabilisere livet til Faren.

Faren ser opp på vennegjengen. Ser opp på Anders sine sitrende øyne.

Faren:	«I natt kommer jeg til å dø.»
Anders:	«Ikke tull'a, fattern, legen sa du var bedre.»
Faren:	«Bare bedre for å si hadet til deg.»
Anders:	«Ikke kødd.»
Olav:	«Ja, ikke kødd. Jeg mener vi kjørte hit så fort vi kunne – nå skal du jo ikke dø fra oss.»
Henry:	«Det er kalenderen som bestemmer høsten.»

Jeanette klyper Henry hardt ved beltestedet og dytter ham bort, ser på Olav og gir ham stille ordre om å holde Henry stille.

Jeanettes halvbrune hår flagrer uhemmet over ansiktet hennes. Hun er en av de jentene som har vært igjennom for mye til å være jente lenger – det er derfor hun passer så godt sammen med Anders. Fordi det er godt og at de har en underlig, rolig trygghet sammen.

Jeanette:	«Bare rolig nå. Slapp av. I morgen blir alt så mye bedre.»
Faren:	«Anders, på loftet så finner du et skrin, i det skrinet finnes det ting om min fortid som ikke bør overleve meg. Ta skrinet med deg ned på stranda og brenn det. La asken fare utover havet og de dårlige minnene viskes ut for alltid.»

Anders: «Pappa, hva er det du preiker om?»
Faren: «Hysj, bare gjør som jeg sier ...»

Så blir faren sliten og sovner av igjen. Vennegjengen diskuterer småfulle, apatiske og rare om hva de skal gjøre videre. Det er enkelt å bestemme seg, de trenger å finne esken til fatteren.

De kjører hjem til Anders. Vel fremme blander Henry og Olav noen lette drinker til å ta sammen med et håndfull Fisherman-shots. Anders og Jeanette stikker på loftet for å finne skrinet.

En annen gammel Nokia-telefon ringer. Det er Henry sin jobbtelefon. Henry vet bedre enn å ta den – ikke når han har drukket.

Ringelyden bryter stillheten brutalt, som nagler som presses mot dødt kjøtt – de kvier seg – venter på at signalet skal slutte.

Jeanette finner skrinet. Skal til å åpne det da Anders brått stopper henne, med et dask.

«Vi skal ikke se hva som er inne i det. Vi skal brenne det.», sier Anders.

«Vi må jo se hva det inneholder. Det er jo sikkert noe hemmelig som du burde vite om, Anders. Kanskje hadde han noen svin på skogen. Kanskje du har en hemmelig bror eller søster eller noe.», sier Jeanette.

«Ikke snakk sånn om fattern, dette er mannfolkgreier. Det som skal skjules, skal glemmes.»

«Dustemikkel – dette er den gylne sjansen du har til å finne ut sannheten om din far – hvem han egentlig er.»

«Jeg vet hvem han er Jeanette – jeg veit det. Trenger ikke et jævlig skrin for å finne det ut.»

Han river skrinet ut av hendene til Jeanette.

«Hvis du skal være så dust, så.» sier Jeanette og stikker furtent ned trappa.

Hun hører Nokia'n ringe der nede. Hun løper ned, ser på guttene som ikke tar den.

«Hva er det med dere gutter!? Hvorfor tar dere ikke telefonen?»

Da stopper Nokia'n opp. Som på kommando – som den ikke liker hennes nærvær.

De tre shotter en runde Fisherman. Ned trappen kommer Anders, vill i de rødsprengte, illsinte øynene. Hva er det som driver ham?

Anders: «Kom igjen gutter, vi skal brenne skrinet for fattern.»
Jeanette: «Det haster vel ikke så veldig?»
Anders: «NÅ, skjønner du!»

Nok engang lyner en gul flekk over det flate landskapet. En rød Volkswagen følge i forrykende fart over landet. Mot stranden – på stranden.

Det har blitt helt mørkt. Det eneste man kan se er lyset av lyktene som flakker som forvirrete ånder over landskapet. Noen ganger treffer de det gåtefulle havet.

Der ute et sted gjemmer draugen seg.

Henry heller bensin fra reservetanken over skrinet. Han ser på Anders en gang og spør om han vet hva som er inni. «Faen, hold kjeft, det er fatterns greier – vil han holde det hemmelig så gjør han det!» roper Anders. «Ro deg ned da, Anders, jeg bare lurte, sant det.», svarer Henry

Olav tar fram en eske fyrstikker som han gir Anders: «Skal du ha den ære å tenne på?»

Det blafrer opp strekt og flakkende over stranden. De er musestille, drikker vodkaen rein. Det er alltid sånn når man bruker bensin til å tenne opp et bål. En sterk flamme og varme som overdøver det lille skrinet. I den korte stunden bensinen varer har flammene allerede rukket å få skikkelig tak i treverket. Det engang stolte og solide skrinet blir konsumert av en rødglødende masse. Etterhvert er hele skrinet blitt til en glo. Vinden slår kraftig til og slår skrinet over ende. Det deler seg opp og glødende biter farer med vinden. Glørne lyser opp i nattehimmelen. Ujevnt og illsint. De farer utover vannet som ildgaver, morild, som sjeler på havsafari. På havet slokner de til askebiter som til slutt omfavner overflaten.

Hemmeligheten hviler trygt hos draugen.

Neste morgen ble det høst.

«Hvor lang tid noe tar er kun et spørsmål om perspektiv»

Jeg ligger utstrakt på en seng; svetter. Det er ikke smaken av blod i munnen, det er gørr, grønn gørr. Røyk, altfor mange røyk.

Det er ikke av kulde jeg skjelver. Noe dypere, en vond klump som har festet seg i brystet, som eksisterer hinsides det fysiske. Den vokser, formelig eser seg større og vond. Det nytter ikke å klø den bort, ei heller nå den med å hoste.

Det er ikke gråt som får vannduggen til å renne ut av øynene mine – det er tortur. Ryggen er stiv, knekt ved hoftene. Jeg skjelver, kan ikke røre meg. I øyekrokene er det noe gammelt som ligger og sperrer for synet. Jeg må komme meg opp. Jeg vet at det er en jobb som venter. Jeg er sulten. Jeg må opp, ha mat.

Innerst inne, hvis det i det hele tatt finnes noe annet enn mørke tror jeg på regnbuen og lyset. Jeg skal kjempe meg tilbake til lyset. Til livet.

Etter en kraftanstrengelse som varer ca. en halv time, så har jeg klart å reise meg. Et spørsmål tvinger seg mot netthinnen: Hvor lenge har jeg ligget her? Dagevis?

Jeg har reist meg. Det er kun spørsmål om tid før jeg kan finne fôr.

Del B

Fløytespilleren

«I am Sancho» – Sancho

– Harald er ikke faren din.
– Nei, hva slags tull er det du snakker nå?
– Ha, du har alltid trodd det, du? Har du ikke lagt merke til at du ikke er helt som de andre?

Hun klarer ikke helt å summe seg om hva samtalen dreier seg om. Hun er ikke der. Det er bare for dumt det moren prøver å servere henne. Det er som det har rabla for henne, som om det er en dum spøk. Samtidig kjenner hun at det strammer seg ufrivillig til i følelsessenteret. Hun blir stresset og sur.

– Slutt å kødd, mamma!, skriker hun.
– Fysj, så stygg du er i munnen. Du skjønner det ikke, du. Du har vel aldri elsket noen?

Det senker seg en stillhet i rommet.

Hun sitter med Mira på badet. Mira sminker henne opp til halloween. Hun har aldri feiret det før. Sammen med Karianne og Tove skal de være piratinner; piratinnene fra de fire verdenshjørner. Mira styler og sminker jentene i tur. De har brukt møysommelig lang tid på utformingen av kostymene. Det hele er for seg gjort, skinner av hjemmelaget kvalitet.

De begynte å drikke allerede klokka fire, på tomme mager – så sminkinga og forberedelsene går tregt. Ikke har de spist noe ennå. Men klokka åtte er de klare for litt mat. Men de har et problem: kjøleskapet til Mira er tomt. Hun bor i en knøttliten leilighet litt unna sentrum så det er ikke bare å svippe ned til kiosken, heller.

De tar med seg noen poser med øl. De er ekte piratinner som kun drikker autentisk pirat-øl. Billig øl fra super'n. De skal ut å røve manndom, øl og sprit og ikke minst mat. Det er kaldt og guffent ute. Det blir ikke bedre av det faktum at de har kledd seg ut. De skulle ønske de hadde mer klær på. Det er hardt å være piratinne.

De møter en tussete kar på veien. Han lukter forvirret på blomstene. Han har tydeligvis ikke fått med seg årstiden. Han ser på dem.

– De lukter så godt, blomstene altså ... Kan dere lukte det, jenter? Jeg har bare gått meg en tur, jeg. En tur fra sykehuset. Dere skjønner, jeg har klumper inne i hodet mitt. Kreftklumper. Men jeg er helt god. Bare må gå meg en tur og lukte på blomster.

Jentene fniser av ham og går videre. De diskuterer om de skal si ifra til sykehuset, men blir enige om at raringen sikkert har det fint på sin tur og at sykehusmenneskene finner ham nok til slutt. Så gliser de litt til av den rare mannen.

De kommer til en kiosk der de kjøper bøffemat og søler på hverandre, og de flotte kostymene. Men det gjør ikke så mye. De er skikkelige piratinner og det skal ikke stå på finstasen.

De stikker til en liten, skjult plass som nesten ingen vet om, de kaller den Stonehenge. Der sitter de noen timer og tømmer i seg resten av ølet før de stikker på puben. De er rimelig brisne hele gjengen.

Hun finner en Pan som hun henger seg på. Hun har ikke truffet ham før, men han virker kjekk, dessuten spanderer han drinker på henne. Hvem kan motstå det? Mange drinker. Så danser de alle sammen til Kaptein Sabeltann. Pan har en merkelig vrikkedans selv om han nødvendigvis burde fly.

Alle de fire piratinnene fra de fire verdenshjørner henger med Pan hjem på nachspiel. De spaserer til krypinnet hans. De har selvlysende små skjelletter som er sydd på draktene sine som lyser opp underlig skummelt i mørket selv om det ikke finnes noen måne i dag. Etter at venninnene hennes har sovnet, blir hun med ham på sengerommet. Han er faktisk vakker uten kostyme. Mens de driver på så kjenner hun vonde tanker tvinge seg på; om at Harald ikke er faren hennes; at moren snakker om å ha elsket noen andre? Hun forstår det ikke. Tvinger tankene bort. Når de er ferdige sovner hun med ham inni seg.

Hun våkner senere på natten. Han er fortsatt inni henne. Snorker smålig oppå henne. Hun lurer på hvordan det er mulig. Kan han være hard så lenge? Det er fint og trygt sammen med Pan. «Skatten er min», tenker hun. Hun føler seg trygg med en mann igjen. Det er deilig å kjenne hans maskuline duft sammen med den særpregede eimen av blandingen av safter.

Så tenker hun på moren og faren igjen, eller kanskje det ikke er faren hennes, men kanskje bare Harald? Hun blir stresset inni seg. Hun lirker seg ut av sengen, river med seg tingene sine og går ut.

Hun aner ikke hvor hun er, men begynner å gå. Det er mye kaldere nå. Hun hutrer. Begynner å løpe, prøver å finne steder som ser kjente ut. Til slutt klarer hun å navigere seg hjem.

Neste helg besøker hun foreldrene igjen, eller iallefall mor og Harald. Hun prøver å oppføre seg som vanlig, men det hviler alltid et snev av utilfredshet under overflaten. Moren fanger det opp, selvfølgelig; hun sender Harald avsted på bensinstasjonen for å handle noe snop.

– Det hele skjedde under et større idrettsarrangement. Jeg fikk jobben som reklameansvarlig igjennom jobben. Ja, du må skjønne jeg var alltid glad i Harald, men jeg elsket ham ikke, jeg visste faktisk ikke hva kjærlighet var for noe. Så jeg drev nok på og lurte meg selv med at jeg elsket Harald. Sånn er vi mennesker, med et konstant behov for å lure oss fra sannheten. Men så var jeg der, langt borte fra mannen, fra Harald og ting begynte å falle på gli. Det skjedde ikke plutselig som det sies i bøker og filmer – det var ikke kjærlighet fra første blikk. Faktisk startet det hele latterlig dårlig, men etterhvert som vi ble bedre kjent, så begynte vi å henge mer sammen, snakke sammen.

Hun skjønner at dette var ekte vare og ikke noe tull, at moren snakker sant. Det finnes ikke spor av sikkerhet i stemmen hennes, men sårhet, som om stemmen slår mot en rasp.

– Mamma, du trenger ikke fortelle om det, lyver hun, selv om hun vet hun trenger å vite alt.
– Hysj, la meg fortelle. Faktisk så hang vi sammen alltid når vi hadde fri fra jobb. Vi var jo borte fra hjemme over lang tid. Borte fra dem man kjenner, langt fra hverdagen. Så må man jo skaffe seg nye venner og ting å gjøre.
– Nå unnskylder du deg bare.
– Kanskje. Men sånn var det nå. Og så var det som om vårt samvær var mer enn bare vennskap. Som om han var en sjelevenn ...
– Tror du på sjelevenner?
– Jeg vet ikke, jeg, gullet, men det kjentes sånn, siden har jeg spekulert mye over det, kommet til at det sannsynligvis var en løgn. Snikende over tid så forelsket jeg meg i ham. Så elsket vi. Elsket som vi aldri hadde elsket før. Hvert øyeblikk vi hadde tid så var det elskov. Jeg elsket ham.
– Så hvorfor ble du hos Harald, da? Lurte *han* deg bare opp i stry?
– Marianne! Vær så snill.

Moren begynner å gråte. Det er tydelig at hun egentlig ikke takler å fortelle dette, men det måtte ut.

– Jeg elsket ham. Elsker ham ennå.
– Men hvor er han? Stakk han av?
– Slutt, Marianne, jeg vil ikke snakke om det mer.
– Men hvorfor lurte du oss, meg og Harald? Eller vet Harald det?
– Nei, han vet det ikke, du kan jo ikke fortelle ham det.
– Men du forteller det jo til meg, hvorfor gjør du det? Hvorfor er du slik en drittsekk. Dustemamma.

Det går i døra og Harald kommer inn igjen. Han ser merkelig på de to damene. Med triste blikk og tårer i øynene.

– Jeg har da ikke vært så lenge borte mine damer at det er noe å gråte for.

Så hikster de noen latterbølger alle sammen. Harald er en god kar.

Hun sitter hjemme på søndagen og undrer seg, tanker hun ikke helt har turt å tenke og føle på ennå. Hun hadde aldri ligget med noen sånn «one night stand» før. Faktisk hadde hun ikke ligget med så mange. Hun kan telle hvor mange hun har ligget med på en hånd. Det var Gunnar, hennes første, de var sammen i to år før de i det hele tatt gjorde noe som helst. Så ble det da også slutt like etterpå, akkurat i det hun hadde fått lyst på mer av det.

Så ble det heller til at hun holdt seg unna menn helt til hun ble sammen med Kristoffer. Kristoffer, ja, tøffing, totalt annerledes enn hun selv, kanskje også totalt i mangel av seg selv. Tøff var han og det var aldri kjedelig med Kristoffer. Det kunne ikke vare, men det gikk i tre og en halv måned. Senere, meget senere hadde hun hørt rykter om at Kristoffer hadde havnet på avrusningsanstalt, og at det ikke gikk særlig bra. Dusinvis av drapsforsøk hadde det blitt, de fleste på seg selv, men noen ganger også på andre.

Så var det Alfred. Alfred som framstod som den perfekte, hensynsfulle mann. Alle damene falt for sjarmen hans. Så hadde det vist seg at han hadde både den ene og den andre elskerinnen på samme tid, for ikke å si en haug med løsunger. Hun hadde akkurat bestemt seg for at det var Alfred hun ville ha, og hun hadde sagt ja til frieriet hans da verden falt i grus (nok en gang) og sannheten hadde trengt seg fram gjennom desperate elskerinner og utallige stevninger på manglende betaling av barnebidrag.

Etter Alfred ville hun nok en gang ikke ha noen andre. Hun var ferdig med menn. Så var det en kveld hun hadde møtt Stine. Stine, en barndomsvenninne som hadde «lurt» henne i seng, relativt raskt. Problemet var at hun hadde ikke helt hatt sansen for det, heller. Men på en annen måte var ikke det presset, det vanskelige gapet som alltid oppstår mellom partnere der. Hun hadde overnattet hos Stine mange ganger. Dog var det alltid som om det var noe ulovlig, og hun manglet alltid den ro og trygghet som hun følte hun trengte.

I den perioden hadde hun grublet mye på hvorvidt hun var lesbisk eller bifil. Bare for å finne ut at løsningen kom helt naturlig; hun og Stine vokste fra hverandre. Nå om dagen hadde de nesten ingenting med hverandre å gjøre. Hun synes det var best sånn. Likevel hadde hun jo sine behov og lyster, men når hun ikke ville ha menn mer, og ei heller damer, så ble det en liten elektronisk venn som holdt henne med selskap, mange ganger om dagen. Hun hadde ikke forstått sin egen kåthet før dette. Hadde hun egentlig drevet og undertrykket seg seksuelt hele tiden? Hun hadde ikke svar, antageligvis var det «ja».

Så hadde Mira tatt henne på fersken en onsdagsmorgen. De hadde begge blitt forlegne, men så fortsatte de sammen. Hun og Mira gjorde det til vane å være sammen på onsdager. Selv om det hadde vært veldig bra seksuelt, så hadde det vært lite følelser involvert og over tid så bare fadet det ut og forsvant, bortsatt fra at de var fortsatt perlevenner.

Så ble det nok en runde med kompisen av plast.

Det er så underlig med de menneskelige forhold, tenkte hun. Hvor vanskelig var det ikke å være kvinne i dag. Hvor vanskelig var ikke hun? Kom hun noen gang til å finne ut av seg selv og hva hun egentlig trengte? Eller kom hun til å vimse rundt som en annen frustrert bifil frue resten av sitt liv?

Og så var det Pan, da, eller Erik som han het i det virkelige liv. Faen, nå måtte hun jo plutselig ha to hender å telle på. Hvorfor hadde hun ligget med ham, allerede første natten? Hun kjente ham jo ikke, visste ingenting om ham. Hadde hun vært for full? Ja, hun hadde vært full, men hun hadde aldri hengitt seg til sånne ting før, aldri vært så lettvint før.

Var det noe spesielt med Pan kanskje som gjorde det? Det som heter kjærleik ved første blikk? Venninnene hennes hadde jo mobbet henne hver dag siden den gang, mobbet henne fordi prektigheta hennes hadde fått en brist. Var det sånn? Hun hadde ikke sett Erik siden den gang. Men nå vet hun med sikkerhet at hun trenger svar.

Når hun går der og tripper på vei til Erik, ringer telefonen. Det er Mira. Hun forteller ikke at hun er på vei til Pan.

– Er du sammen med han Erik nå, eller?
– Nei, tulling, det var ikke noe spess.
– Kom igjen, da, han er vel en bra kar. Du trenger jo å få deg litt selskap.
– Det er du den rette til å si.
– Ja, tenk, det er jeg. Du er jo så sær noen ganger. Litt mannfolk ville bare være bra for deg.

Hun prøver å huske veien fra den natten hun var en ekte piratinne. Det er ikke lett. En rød Volkswagen Beetle holder på å kjøre henne overende, men svinger unna i siste liten.

– Men jeg er ikke noe begeistret for mannfolk mer.
– Alle mannfolk er ikke drittsekker, vet du, bare synd det er så mange av dem. Du kan ikke gi opp bare fordi du har valgt feil tidligere. En dag så sitter det, og da er det bye bye jentesex og familie som teller, selv for deg.
– Joda, men dette er jo bare en uskyldig ting som hendte.
– Finnes ikke spor av uskyld her.

Mira unnskylder seg. Det er et program på TV som hun skal se. Marianne er glad. Hun hadde liten lyst på den samtalen.

Pan virker oppriktig glad for å se henne, om noe overrasket. Han setter i gang vaffelpressa og skal til å lage vafler. Hun setter en støkk i ham når de sitter der senere med en bunke vafler med Kesam og deilig jordbærsyltetøy ved å fortelle ham om allergien sin. Hun prøver å forsikre ham om at han kan godt spise vaflene selv, men han synes det er teit og kaster dem.

Så drikker de te og hører på Queen istedenfor. Hun synes det er rart at han har tatt på Queen. Prøver han å hinte om at han er homo? En ekte Bøgis-Pan? Men hun tør ikke si noe. Hun husker så altfor godt det varme lemmet hans inni seg som ikke ga seg akkurat som Duracell-kaninen. «Duracell-Pan» tenker hun og ler inni seg.

– Hva ler du av?
– Ååå. Ingenting.

Så flirer han med. Med ett så er de igang med mer intime saker; på sofaen forenes de nok en gang. Denne gangen virker det nesten som om lemmet hans, ja, hele han, smelter sammen med henne.

Å, som hun har savnet lukten av sex med en mann.

Noen timer senere ligger de i hverandres armer.

– Vet du, menneskene ble lagd til å kontrollere verden. Allerede tidlig i utviklingen av mennesket fikk vi «laktose»-genet som gjorde det

39

naturlig for oss å ha husdyr. Som gjorde det mulig for oss å kunne livnære oss ved å drikke melken fra kyr og geiter. Melk som egentlig var ment til å brukes på deres egne avkom tilpasset vi oss nå til å drikke. Vi fant ut hvordan vi skulle holde prosessen i gang så vi kunne ha frisk melk hver eneste dag.

– Javel, svarer hun med noe tvil i stemmen som hun ønsker å meddele at hun ikke bryr seg om temaet.

– Ja, jeg synes det er interessant med dette. Men nå, spesielt i velstående land i verden, får vi flere og flere mennesker som viker fra de originale husmennene ved at de utvikler laktoseintoleranse. Det er også et generelt skremmende antall personer som utvikler forskjellige andre allergier og ikke minst en boom uten like på astmasiden. Men jeg tror ikke det er et tilbakeskritt, jeg tror det simpelthen er et tegn på evolusjon. Muteringer i cellene og genstrukturen skjer noen ganger ved tilfeldigheter. Men når organismer trues av utryddelse, framskyndes muteringsprosessen sånn at sjansen for å finne nye muteringer som gjør seg levedyktige på nye måter oppstår.

– Ja?, sier hun uinteressert, hun klarer ikke å følge med på tankerekken hans.

– Jeg tror rett og slett av vi, altså den velstående delen av verden, har endret så mye på maten vi spiser med kunstige tilsetningsstoffer og i melka så har man jo som kjent homogenisering og pasteurisering, for ikke å nevne superpasteurisering. Griser, høner og storfe er satt på dietter hvor mye av det de spiser er av elendig kvalitet, noen ganger inneholder dietten kvernete bestanddeler av egen rase. Fisk fôres med antibiotika. Jordbruket er gjennomsyret av giftstoffer.

Marianne kjenner hun svimler og får vondt i hodet av alle ordene hans. Hun lukker øynene og prøver å stenge Pan ute.

– Det er oppstått en situasjon hvor maten vår rett og slett er giftig for oss. Noe som fører til paniske muteringer i genmaterialet vårt. Som igjen leder til allergi. Kanskje er det de allergiske som egentlig er neste verdensvinnere siden de «tvinges» over til å spise biomat, til å velge andre matprodukter, som i noen tilfeller også smaker bedre en tradisjonelle produkter. Det må jo bety noe at smaken er bedre? Vi har nok ofret smaken også i veien mot å mette «alle» munner på jorden. Kanskje er det ikke sånn at den virkelige krigen mot fattigdommen er å produsere nok mat til alle. Men å produsere bra nok mat, helsemessing mat, mat som er sunn til nok mennesker sånn at homo sapiens kan bestå.

Jeg tror de allergiske, ved å være de svake faktisk blir det sterkeste treet i vår rase.

Marianne har duppet av litt, men rykker til. Er hele denne utredningen fra Pan sin side et forsøk på å imponere fordi hun er allergisk? I så fall er det en rimelig dårlig deal, for nå vet hun at Pan er en møkkamann og at hun ikke skal ha noe mer med ham å gjøre.

Neste helg kommer foreldrene og henter henne med bil, de skal på tur i helga. Hun har ikke spesielt lyst. Ønsker å slippe. Hun aner jo ikke lenger hvem faren hennes egentlig er. Skal hun bare lissom være med og late som, sånn som mamma har gjort i alle år?

Tross det faktum at hun mer har lyst på en stille stund med seg selv, klarer hun ikke å si nei. Så med ett sitter hun der i baksetet.

– Jeg vil ha en Solo, krever hun som om hun er en liten jente på seks år.
– Ok, vi kan kjøpe når vi kommer til neste bensinstasjon, svarer Harald.

Fem minutter senere stopper de. Harald går trofast inn.

– Hva heter han?
– Hvem?
– Du vet hvem?
– Nei, (mamma pauser litt, og så forstår hun), Sancho.
– Hvorfor latet du som alltid disse årene?
– Fordi du trengte en pappa, fordi jeg trengte ham.

Det blir en lang pause. Harald kommer ut av bensinstasjonen med hendene fulle av alskens godis.

– Jeg skjønner ikke, men jeg tilgir deg. Det er Harald som er pappa nå. Det har han alltid vært.

Hennes øyne blir dype, fulle av følelser. De er evige. Hun mistenker at mamma føler noe lignende.

«Av alle matretter i verden er en riktig cowboyfrokost den som

har reddet flest søndager»

Jeg har gaflet i meg en pakke bacon og fire egg. Det gir håp. Har helt i meg en menge smertestillende. Venter på befrielsen.

Satt på en ny plate med Jimi Hendrix: «First rays of the new rising sun», utgitt lenge etter hans død. Jeg er en av dem som fortsatt foretrekker plater, alskens ny teknologi som CD, MP3 og sånn biter ikke på meg. Har gjort høretester mange ganger og det blir simpelthen best lyd med den gamle grammofonen. Dessuten er det kult, noe heftig med å fortsatt sverge til vinyl. Det er trygg, god og varm musikk.

Personlig synes jeg at «First rays of the new rising sun» er en av Jimis beste – kanskje den beste. Det er verken den kjedelige, men avanserte blusen eller den litt mer spekulative rocken, men musikk som kommer opp med sjela. Den reiser seg med sjela, den vibrerer som en sol i kroppen og sjelen, i marg og bein. Det er som et eventyr, en historie – et bevis på at en sang kan være likt et bilde, mer enn tusen ord. Hvem vet hva slags høyder Jimi ville ha tatt oss med til om han hadde fått lov til å fortsette? For alle som tror de liker Jimi, men ikke har hørt den. Stakkars dem.

Hva skal jeg i dag? Hva skal jeg bruke dagen til?

Jeg må selvfølgelig på jobb. Ingen bønn om det. Joda, selvfølgelig er det det, jeg kan jo gi opp, la det onde vinne. Gi meg over, melde meg syk og invalid og leve i mørket og fordervelsen resten av livet. Da stopper vel

43

smerten opp på en måte? Da slipper jo hver en dag å være en kamp mot smerten. Som brer seg ...

Men jeg skal aldri gi opp. Et eller annet sted der ute finnes et bedre liv. Et annet liv, et verdig liv – mitt liv. Det skal jeg finne.

Gjør meg i stand til å dra på jobb. Legger på meg maske etter maske. Ingen skal se at jeg har det vondt. Alle skal tro at alt er bra. At livet er fint. Alt jeg gjør er suksess – intet mindre.

Del C

En liten mø må reddes

*«Det er bare en ting jeg vet om som er bedre enn å
dynkes i varm, deilig, fersk melk» – Pinnsvinet*

Karl var klar for en kongehelg. Samboeren var hjemme hos foreldrene med
barna. Han var på vei hjem fra jobb. Han stoppet innom supermarkedet.
Her skulle det storhandles med snadder, godterier, potetgull, boller, brus,
espresso, røyk og taco. Taco var hans absolutte favoritt. Men Hilvi likte
det absolutt ikke. Vel, hun likte jo ingenting, var veggis, så det ble aldri
noe kjøtt på ham. Iallefall ikke hjemme.

Han hadde prøvd å servere kjøttmåltider så smått for seg selv i
begynnelsen, men det hadde endt opp i rabalder. Så han innfant seg i
hennes stil og nikket bekreftende når hun fortalte andre om hvor gode
vegetarianere de var. Det virket som om Hilvi ikke engang visste om de
deilige hamburgerne han pleide å sette til livs i lunsjen. Han mistenkte
noen ganger at hun visste, hun burde jo forstå at han hadde sine behov?
Men i sin gjøren og snakk så virket det som hun ante fred og ingen fare,
så han fortalte det aldri. Han hadde alltid en pakke Big Red tyggegummi
klar for å nøytralisere kjøttånden.

Karl visste alt om hvilke plasser som solgte de beste hamburgerne, digre
saftige, smakfulle hamburgere. Hans favoritt var en 300 grams Bjørn-
Inge-burger. Bjørn-Inge-burgeren bestod av 300 gram saftig storfekjøtt,
iblandet småhakket løk og paprika. Under lå en særdeles velsmakende
salat med vanlig utsøkt hamburgerdressing fra Chefs. Kjøttstykket var
dekket av en godt smeltet ostebit, skikkelig ost. Oppå osten var det friske

47

ananasbiter og velsmakende baconstrimler. Det hele var pakket inn i ferskt hamburgerbrød framstilt fra en hemmelig spesialoppskrift.

Det eneste som kunne måle seg med Bjørn-Inge-burgeren var taco. Karl hadde sin ultimate oppskrift som han perfeksjonerte hver eneste gang han tilberedte det, hvilket i sum ble altfor sjeldent.

Men denne helgen var en av disse sjeldne øyeblikk. Sprit og øl måtte også kjøpes inn. Så kom han hjem og fyrte igang kjøkkenet. Det oste lukter og røyk over det hele.

En time senere satt han rundt bordet sammen med seks andre gode kompiser og fylla var på vei. De røyka og drakk i sinnssyke mengder og det varte ikke lenge før spriten hadde fått dem i «svinge seg i lysekrona»-humøret og leiligheten stod for fall.

Ut på byen.

De bestilte en maxi, men fikk bare en sjuseter. Det holdt denne gangen. Taxisjåføren var gretten og uvillig, mens gutta blæret ut seg fyllepreik og helte i seg den siste reisepilsen.

Hvor de var og hvilke steder de dro husket han knapt.

Han endte opp i en orgie med to ukjente menn og fire ukjente damer på et mindre bekvemmelig hotell. Det var dirty med stor «D», men han likte det. Det var en form for vill adspredelse som de kjærlige og forsiktige nettene med Hilvi aldri kunne gi ham.

Utenfor leiligheten hjemme fikk han den lyse ideen at han trengte å flytte bilen sin. En Mercedes SUV som slukte bensin som om morgendagen aldri kommer. Vel inne i bilen så blærer han ut tarminnholdet. Av en eller annen merkelig grunn orker han ikke stanken og krabber seg inn og i seng.

Tror han.

– God morgen.
– Hva faen?

Karl hadde ikke kommet til seg selv ennå. Alt var mørkt og omtåket. En lett smerte slo mot tinningen fra et ubestemmelig sted. Han gnei seg i øynene. Prøvde å se seg rundt, men alt var mørkt.

– Ikke bry deg om at du ikke ser noe, det er ikke noe lys her – ennå.
– Hva faen mener du? Hvem er du?
– Samma hvem jeg er.
– Leker du en dårlig Pelle og Proffen-kopi?
– Samma hvem jeg er. Her er det du som skal stilles til test.
– Test? Har det rabla for deg?

Omtåket var han kanskje, men ikke dum. Mens han uvillig prøvde å kjøpe seg tid jobbet huet på spreng mot smerten i tinningen for å finne ut hva som hadde skjedd. Fire dirty damer og to mannfolk – det var en bra kveld. Hadde han blitt igjen? Hadde han ikke dratt hjem?

Han kjente eimen av spy i kjeften og lukten av seg selv og husket med ett bilen fra i går. Det betydde at han var hjemme? Men hvem faen var det som snakket til ham da? Hadde han tatt med seg noen?

– Hvem skal stå til ansvar for de feilene du gjør?

Feil, han gjorde da ingen feil? Hva mente denne stemmen? Han prøvde å reise seg, så han kunne komme seg bort til døra og slå på lyset. Dette forsøket satte igang en rekke hendelser. Karl fant ut at han var stroppet fast på hender og føtter; i sittende stilling vel å merke. Rommet ble sakte lysere. Det var et firkantet, sterilt rom. Han kunne ikke se noen dører, i så fall måtte det være bak ham. Foran ham var en glassvegg som var delt i to. På midten av veggen hang en flatskjerm av et merke han aldri hadde sett før – så ut som spesialdesign.

Han var ikke hjemme.

– Hvor faen er jeg?
– Samma hvor du er, det som er interessant er hvorvidt du klarer deg i testene.
– Er du sinnssyk? Jeg skal da faen ikke ta noen tester.
– Du kan like gjerne legge fra deg din frekke side med en gang eller så kommer noen til å måtte ta støyten for drittpreiket ditt.
– Hva ...??

Bak glassveggen på høyre side begynte det å bli lysere. Fram kom et lite rom med en stol, på stolen satt Hilvi stroppet fast. Ikke like forseggjort som med ham fordi både stolen hennes og knutene var rudimentært enkle, dog smertelig effektive.

– For hver gang du ikke hører på meg ...
– Hva faen driver du på med, din psykopat!!!?!??, skrek han.
– Så kommer jeg til å påføre strømstøt på din kone.
– Det er ikke min kone.

Han kunne se Hilvi riste av smerte, men han hørte ikke noe.

– Skjønner du, ingen vits å spille helt. Dette er et spill. Et spill du kan vinne, men også tape. Hvis du taper så har du fått en liten ide om hva som kommer til å skje. Jo bedre du spiller på lag med meg – jo større er sjansen for gevinst, capice?
– Ok, OK!

Hilvi slappet av igjen. Hun prøvde å få øyekontakt med ham. De så hjelpeløst på hverandre, det var som en hel evighet ble sagt uten et eneste ord. LCD-skjermen slo seg på. Han fikk se klipp fra natten før, Heftige, usensurerte klipp fra orgien. Karl hadde blitt stjernen i sin egen pornofilm. Mens stemmen snakket skiftet klippene til andre situasjoner, lunsjer hvor han gapte i seg Bjørn-Inge-burgere, enkelte ganger hvor han hadde seg en quickie med Hanna på jobb. Bilder fra andre mer eller mindre promiskuøse seksuelle aktiviteter. Video fra en gang for årevis siden da han og noen kompiser hadde grisebanka en somalier. Men ingen utklipp med ham og Angelica i forening, foreløpig iallefall.

Hjernen hans jobbet på høygir, han begynte å svette opphisset. Dette var bilder som selv en komplett psykopat ville hatt problemer med å ha frambragt. Dette var verket til noen som var fryktelig mektige og som følte at *han* var verdt det.

– Spillet er sånn. Du kommer til å få tre oppgaver av meg. Det er dine handlinger som fører til suksess eller lidelse, lemlestelse og eventuelt Hilvis død. Det er fullt og helt du som bestemmer.
– Dere har tatt feil mann, jeg er bare en helt vanlig kar, det er ingenting å tjene på å ...

– Hold kjeft med sånn tull.

Hilvi rister av elektrisk pine, elektroner som fyker igjennom kroppen hennes, nok en gang. Han blir stille og smerten hennes forsvinner atter en gang.

– Ok, da skjønner du bildet. Jeg har ikke tålmodighet til å argumentere med deg. Hvis du fortsetter sånn dreper jeg din kone på stedet, capice? Ok, på oppgave 1 så kommer jeg til å slippe deg løs. Ikke bry deg om å prøve å redde din kone eller kontakte politi. Jeg vet hva du gjør hele tiden og gjør du noe feil, vil det gi umiddelbar avstraffelse. Du har en Nokia N95 i lommen din. Den viser live-framvisning av Hilvi og du kan også snakke med meg der hvis det blir nødvendig. Gjør du noe feil så vil du se det på din kone.
– Ok.
– Oppgave 1: punkt a er ansvarsfraskrivelse: Du lar din kone sitte med alt husarbeidet, alt som har med renhold og rengjøring å gjøre. Som om det ikke var nok tar hun også seg av alt barnepass og lager hensynsfullt middagen til deg. Jeg tror faktisk din kone er litt dum som holder ut med en egoist som deg.
– Men ...
– Men ... du SKAL holde kjeft nå. Det er ikke mange jenter som holder ut med slik tyranni, skal jeg si deg. Punkt b er utroskap og uærlighet. En ting er den skitne Angelica som du har deg med i tide og utide, og om det ikke er usmakelig nok, har du lystige Hanna på jobb som er håpløst forelsket i deg ... For å toppe det hele, stikker du av og til redskapen din i tilfeldige damer på byen. Når var siste gangen du hadde skikkelig elskov hjemme? At den du er gift med også er den du deler alt med? Punkt c er forurensning. Du velger en forbrukerlivsstil som ødelegger og utarmer naturen unødig. De produktene som brukes til renhold, rengjøring, barbering og så videre er vanskelig nedbrytbare. Såpe bør være så naturlig som mulig. Kjøretøyet ditt er en djevel til å lesse på med dritt i lufta. Bortsett fra det har du et generelt forbruk som lukter svin og ikke ligner grisen.
– Hmm.

Foran til venstre, der det hele tiden har vært mørkt, åpnes en dør. Ut av døren kommer det lys, mye lys. Ut av lyset kommer en oransje klump som former seg og blir større. Når Karl ser hva det er så ler han, ler og ler.

51

– Hva ler du av, sier Den Gylne Padden irritert.

– Ha ha, du er jo utryddet, Den Gylne Padden, ha ha, du finnes ikke.

– Hva slags spydighet er dette, jeg er jo her rett framfor deg.

– He he, ja og derfor er dette en drøm, vi har jo utryddet deg for lenge siden, he he.

– Jeg lover deg at jeg er like virkelig som deg kompis. Nå gjør jeg deg bevisstløs igjen. Når du våkner har du 24 timer til å få orden på første oppgave.

Karl klarer ikke å stoppe latterhikstene sine. Så forsvinner lyset sakte. Forsvinner som en sky. Det går rundt som i en karusell. Borte blir han.

Når han våkner føler han seg noe uklar men normal. Han tenker at det hele var en drøm. Han smiler, ler, griner på nesa, tenker på frokost og på gårsdagens bragder. Så kjenner han i lomma, finner telefonen og ser sin Hilvi sitte fastspent på stolen. Han får stikk. Faen, enten så drømmer han fortsatt, nei, det gjør han ikke, da er den forbanna Padden likevel i live. Bildet av Hilvi skiftes ut og der ser han også Erik og Jeanette, hans to små englebarn fastbundet likt som Hilvi. Hvert 30 sekund skifter bildet over. Han kjenner klumpen av angst og stress sette seg som en spiss stein like ved adamseplet.

Han hopper opp av sengen og stuper inn på badet for å gjøre seg i stand, men stopper fort opp. Han må holde fokus på oppgaven. Han trenger å bruke miljøvennlige produkter. Kan han vaske seg uten såpe? Er det feil om han bruker vann? Han husker en gang hans onkel for lenge siden fortalte ham at hemmeligheten til vann er bevegelse, vann må være i bevegelse for å være vann. Å samle opp vannet i containere og beholdere for å holde det rolig er en forbrytelse. Molekylene og atomene i vannet er skapt for action.

Basert på denne viten og sin klokkertro på sin onkels ord, tar han sjansen på å vaske seg bare med vann. Så setter han i å skure og rydde leiligheten deres. Det er en jobb som er vanskelig og tung og Karl blir irritert og sint. Da han er halvveis kjenner han at sinnet hans koker og han trenger å slappe av. Kanskje det er lettere hvis han får tak i noe såpe som er naturvennlig?

Han stikker ut til bilen, men den kan han jo ikke bruke. Han stikker bort til Angelica. Angelica hopper på ham, det er sex hun vil ha. Han dytter rått Angelica til siden og sier at han trenger å låne Toyota Priusen hennes.

Hun er kvinne tross alt og blir skuffet og sint når hun blir avvist på den måten. Dessuten så har jo Karl aldri vært interessert i bilen hennes, bare i henne.

– Hva skal du med den? Hvorfor vil du ikke ha meg?
– Klart jeg vil ha deg, men jeg har dårlig tid, trenger å låne kassa di.
– Først skal jeg ha deg ellers ingen bil.
– Angelica, jeg kan ikke nå, unnskyld at jeg var så brutal, men jeg trenger den bilen nå.
– Nei.

Dette gikk ikke Karl sin vei, han skjønte såpass at han ikke kunne bruke makt heller, da ville vel Padde-faen stryke ham rett ut av kålen. Nok en gang kjente han et stikk dypt inne i seg. Det var frykten for å miste Hilvi, frykten for å miste Erik og Jeanette. Frykten for å miste alt som betydde noe i livet hans, bare på grunn av en dum liten glipp. Han skjønte at han hadde tatt alt det gode for gitt og egentlig allerede mistet det – mer aldri mer skulle det være sånn – han skulle vinne «konkurransen», ta rotta på Padden og leve lykkelig alle sine dager.

Med list og gjentatte unnskyldninger overbeviser han til slutt Angelica til å utlevere nøkkelen, under tvil.

Han kruser avgårde til shoppingsenteret. Det er deilig. Priusen er ikke verst å kjøre i det hele tatt. Han kan sikkert få en i innbytte med SUV-en og kanskje litt ekstrautstyr attåt. Når han er ferdig med oppgavene så bærer det rett til Toyota, tenker han.

Et tungsinn smyger seg innover i ham. Kan han klare oppgaven? En ting var at han hadde klart seg noenlunde til nå. Men det var ikke lett. Han måtte tenke seg om konstant om hvilke valg og handlinger han tok, hva han sa; konstant fokus på oppgaven og den spisse klumpen som presset mot adamseplet. Kunne han leve sånn? Hva om han feilet, om bare på en liten ting? Padden virket ikke som en av de som kunne tilgi sånt. Han skjønte at her hadde han ikke råd til det minste feilsteg.

Rett som det er så kjører det en rød boble inn i ham bakfra. Han spretter fram og tilbake; fader ut og forsvinner.

Når han våkner så ser han rett inn i øynene til Mariann. Det er hun som har kjørt på Karl. Hun er helt på styr. Hun snakker engelsk med en rar aksent til ham. Han ser på bilen at hun er fra Nederland. Han smiler.

Da han har forsikret henne flere ganger om at han føler seg i god form så fyller de ut skaderapporten sammen. Mariann påpeker flere ganger at han trenger å dra til legen og sjekke nakken sin i tilfelle skjulte skader i halsregionen. Karl har ikke spesielt lyst, han har jo en meget viktig oppgave som må fullføres.

Oppgaven, ja! Hva skjer med oppgaven nå? Han griper tak i lommen. Den er tom. Han sjekker i den andre lommen. Ingenting der heller. Han åpner panisk bildøren og sjekker hele bilen, men ingenting der heller.

Han spør Mariann strengt om hun har sett en N95, men svaret er negativt. Han får følelsen av at hun snakker sant.

Karl er noe usikker; har han drømt? Er Padden bare en drøm? Uansett han har skjønt noe, at det er Hilvi og sine barn han elsker. Han vet at fra nå av vil alt bli annerledes. Det kjennes godt ut inni ham. Klumpen begynner å løsne. Pusten hans letter, han kjenner en god følelse bre seg så smått over ham.

Han vil være så bra som mulig, bare en ørliten Bjørn-Inge-burger i ny og ned. Han sier ja til å dra ned til legevakta. De gjør ferdig papirarbeidet. Han sier hadet til Mariann. Mariann sier at han må bare komme innom på besøk hvis han noen gang er i Rotterdam. «Da skal jeg lage den mest vidunderlige pai til deg», ler hun til avskjed.

Karl tropper opp på legekontoret. Han bruker ikke sin faste lege siden det betyr mange ventedager, han tar det som er ledig. Han får time hos ei nystarta jente som ser ut til å være i midten av de tyve; deilig som få.

Hun får ham til å ta av seg på overkroppen. Karls spenstige figur pulserer mot legen. Hun tar på ham, stryker ham på overkroppen, knar litt i nakken.

– Jeg kan ikke være sikker, men det ser bra ut.
– Så jeg trenger ikke bruke krage eller noe?
– Du kan bruke krage, men ...

Legen bøyer seg mot ham, lager en langsom bevegelse mot midtgulvet hans.

– Da må du betale ut av egen pung.

Det er ikke vanskelig å skjønne hva hun mener. Karl kjenner det rykke til i kroppen. Gud hvor hun er pen. Gud hvor han har lyst. Klumpen ved adamseplet er ikke helt borte. Nei, han skal ikke drive med sånn lenger. Han tar seg i det, stotrer, får ikke sagt et ord.

Hun gynger med hodet, kommer ennå nærmere. Han kjenner den fristende lukten av parfymen hennes, men klarer ikke å stadfeste hvilken det er. Stemmen hennes er forførende.

– Som sagt: da må du betale ut av egen pung.

Hun ser på ham med blå funklene øyne. Den lille begynner å reagere. Han biter tennene sammen for å kjempe mot attråen i kroppen.

– Jeg føler meg fin ... helt fin, stotrer han.

Doktoren liker ikke avvisningen og resten av timen blir heller pinlig. Karl vil bare vekk derfra.

Når han kommer hjem er Angelica selvfølgelig sur fordi det ikke blir noe sex. Hun merker på Karl at ting er anderledes. Hun er sur fordi Priusen har fått bulk, men blir glad å høre at alt blir ordnet med forsikring.

Karl snakker til Angelica på en måte hun ikke er vant med. Han forklarer henne at de aldri kommer til å ha sex mer. Men at de kan godt være venner. Hun synes det høres helt teit ut, truer med å fortelle alt til Hilvi.

Karl forteller henne helt ærlig, ærlig som Angelica aldri har hørt en mann fortelle; at han har gjort feil mot henne så vel som Hilvi, og at han har bestemt seg for å leve et nytt liv, et skikkelig liv.

Angelica liker det ikke helt, mest fordi hun skjønner på en måte at dette er en annen Karl, en sånn Karl som hun har drømt om, en Karl det ikke nytter å leke jenteleker med. Hun gir ham en klem og lar ham gå; for alltid.

Når han står utenfor døren hjemme stopper han opp. Han gisper etter pusten. Så åpner han. Hele familien er der, inkludert svigerforeldrene. Han undrer hva som skjer, men er mest av alt veldig glad.

Han prøver å samle tankene sine. Er Padden en drøm? Hva er det egentlig som har skjedd i dag? Hvorfor er de hjemme? Men det er så store spørsmål og han blir så omtåket at han bare gir opp.

– Pappa, pappa, har du med melk til Einar?
– Neimen om jeg har.
– Pappa, pappa, kan du dra og kjøpe, Einar trenger jo melka si. Vær så snill.
– Ok, jeg skal stikke om en halvtime.

Det er Jeanette som spør. Einar er pinnsvinet som kommer på kveldingen. Jeanette og Erik har fått lov til å være oppe lenge på skift for å mate pinnsvinet. Einar er som en del av familien.

Han snur seg og ser på Hilvi. På hennes litt store ovale ansikt som smiler på ham. Kanskje ikke modellpen, men den peneste jenta han vet om. Om ikke Erik og Jeanette allerede har smeltet ham så er han fortapt når Hilvi smiler til ham og han ser de store, milde, gråblå øynene blunke åpent mot hans.

Som kvinnen hun er merker Hilvi med en gang at noe har hendt, ting har endret seg til det bedre. Både hun og Karl fylles med glede og kysser hverandre nærmest som nyforelska.

Hilvi overrekker ham en gave. Karl pakker opp med glede. River ut gaven og blir stående og gape.

– Er den ikke fin? Det er den splitter nye Nokia N95 – Golden Toad Limited Edition

«Fy faen, så vondt det gjør. Fy faen!»

Jeg må ha smertestillende. Masse smertestillende. Men esken er tom. Faen. Roter rundt. Finner en annen eske – også tom. Flere esker. Alle tomme. Roter over alt. Må være her et sted.

Løper på butikken, men de har ikke mer igjen. Løper til neste butikk. Kjøper en pakke Pinex og skyller ned med en iste. Bra. Det er underlig hvordan det med en gang kjennes bedre, og ørlite betryggende ut.

Smerten stilles, lenge før det smertestillende midlet har begynt å virke.

Trasker hjem igjen. Hver gang jeg må ty til piller er et nederlag. Det er ofte nederlag.

Hjemme sovner jeg. Det er ikke fint fordi da er jeg minst mulig til. Men i søvnen er det alltid stress. Våkner opp med svette over alt. Går inn på badet og ser meg i speilet.

Hvem er den personen som ser mot meg? Hvem er det egentlig? Hva gjør han der? Selv om man ser sitt eget fjes i speilet hver dag er det sjeldent man egentlig legger merke til det. Når man først begynner å legge merke til det – så er det en fremmed man ser.

Hva er det som er galt med øynene mine? De skinner, skinner så sterkt at jeg er redd for å se meg i øynene. Det er et ondt lys i øynene mine, men jeg er da ikke ond? Jeg er ikke ond! Det er ond smerte der som lyser ut av meg – men det er ikke mitt – det er ikke sånn jeg er egentlig.

Jeg liker ikke engang piller.

Hvordan ble det sånn at alt er mørkt? Hvordan ble jeg fremmed for meg selv? Denne ondskap må slutte. Jeg skal kjempe og slåss for det gode. For regnbuen og lyset. For livet. For mitt liv.

Del D

Et lunefullt vindkast

«Universet er en evig kvern av konstant forandring,

virru værra med så følg med» – Beate

Allerede på flyplassen merket han at noe rart var på gang. Det var som om alt han gjorde var bestemt på forhånd. At fortiden grep tak i ham, at han hadde ventet flere tiår, kanskje hele sitt liv på denne turen. Et kraftig *déjà vu* – noe han ikke hadde følt siden barndommen. Dette både skremte og gledet ham, men for det meste ignorerte han det hele.

Han stod i kø for å sjekke inn sin koffert. Menneskene rundt ham virket kjente, ja, mer kjente enn hans beste venner. De virket som nære bekjentskaper fra en annen tid. Han måtte flere ganger gripe seg i å starte vennskapelige samtaler med de fremmede. Han hadde heldigvis nok fornuft til å innse at følelsene hans ikke var særlig virkelighetsnære på dette punktet.

Damen bak skranken hadde bleket håret, hun var sminket og ren i sin arbeidsuniform. Hun så ganske attraktiv ut der hun satt og smilte med falsk vennlighet til kundene. Frank gjennomskuet lett imaget, så bak masken og innså at kvinnfolket egentlig var stygt, men sminken virket likevel såpass at han kunne tenke seg å dra dama med seg inn i nærmeste avlukke og pøse på som en helt – dog ikke mer enn en gang.

Frank måtte vente i 20 minutter i avgangshallen, ombordstigningen begynte. Han delte skjebne med en haug av andre fjollete mennesker. Kvinner og barn gikk jo selvfølgelig først – vi er jo i Norge. Frank satt ned og ventet til mesteparten av køen var avviklet før han reiste seg for å «borde flugplanet». Det var to forfalne, middelaldrende menn som tok imot billettene; slike menn som er trett av livet – fordi livet ikke har smilt til dem.

Frank fikk seg et lite sjokk da han fikk se hvor pen flyvertinna som hilste gjestene velkommen var. Det andre som også var litt merkelig var at hun hadde tatt den samme rutebussen som Frank ut av byen. Var det bare en tilfeldighet at hun smilte så søtt til ham? Vel, Frank satte seg ned, spente for sikkerhetsbeltet og tok seg en nydelig lakris Orbit – varer hele veien til Dakar ...

Etter de obligatoriske, men slurvete, sikkerhetsanvisningene bar det i full fart på små hjul. Så lettet flyet; farvel, Fornebu. Frank så ut av vinduet, tygget febrilsk mens han kjente suget både fysisk og psykisk. Suget av å miste fotgrepet fra jorda. Han var på ferie fra moder Jord.

Hadet, mamma, hadet.

Frank tok fram et av bladene i lomma framfor seg, men fant det lite interessant og puttet det raskt tilbake. Han hadde i det minste vært heldig og sikret seg vindusplass. Til høyre for ham satt en kortklipt mann med kinnskjegg. Håret var av den lyse typen og det var hodefasongen og kinnskjegget som fritok mannen fra et arisk-nazi-stempel.

Følelsene fortalte Frank at han kjente mannen fra før, selv om fornuften sa ham at det var umulig – hvis det da ikke fantes flere liv eller en annen latterlig overtroisk forklaring på dette. Frank stirret ned på jorden, tankene hans spant sitt lille garn.

Han tenkte på faren for flykrasj. Han hadde hørt at det var farligere å kjøre bil enn å fly – ifølge statistikken. Beklageligvis trodde ikke Frank på statistikker da de kan lett manipuleres til å vise akkurat hva som helst, som oftest lyser de av løgn. Han tenkte på flygerne og flyvertinnene verden over som daglig utfordrer skjebnen med å forlate den kjære, forpestede jord for å utfordre fuglenes territorium.

Han så ned på landskapet der nede og tenkte på maurmenneskene som holdt samfunnet i gang. Gjennomsnittsmennesket som står opp om morgenen, drar på jobb, for å returnere til middag eller mangel på sådan åtte timer senere. Deretter ligge utstrakte foran TV-apparaturet resten av kvelden. Advokater, jurister, politimenn, selgere, ledere, sjefer, mekanikere, elektrikere, rørleggere, tiggere, arbeidsledige, alenemødre, leger, sofaslitere og Gud vet hvem flere som opprettholder jordens ville rytme. Jorden, som er en liten brikke i universets enorme, uendelige, fantastiske dans. En runddans som ikke har noe med tradisjonell vals, tango eller swing å gjøre.

Anja, hans forlovede, satt hjemme og ventet, ventet på ham. Kanskje var hun bekymret for at flyet skulle styrte eller bli kapret av en eller annen tulling. «Men statistikken sier at biling er langt farligere enn det å fly», hadde han sagt for å roe henne. Selv hadde han ikke trodd på sine ord – hva faen skal man med statistikker når uhellet er ute?

Hva slags perverse menn er det som sitter nitid hele året og teller statistikker om andres død?

På tobakkspakkene står det at røyking dreper flere enn i trafikken hvert år. Men hva menes med trafikken? Bilistene alene? Syklister, fotgjengere, båtfarere, flypassasjerer, rullestolkjørere og sparkdoningfarere er strengt tatt også trafikk. Det står ikke noe på røykpakkene om hva som menes med trafikken, men kan like så godt sikte til trafikken avgrenset i et område på et kryss som summen av all trafikk i hele verden.

Likevel, det er rimelig å tro at røyking er er farligere enn å kjøre bil og at det igjen er farligere enn å fly mens man ber en stille bønn om å se sin forlovede igjen. Det er dog synd at det farligste skal være både det billigste og letteste alternativ. Det virker som om en flytur er rene sunnhetsoppholdet i forhold til en røyk. Dette bildet forsterkes av non-smoking-lysene ovenfor passasjerene. Å kombinere røyking og bilkjøring må da være nærmest livsfarlig og totalt menneskefiendtlig. Huff!

Frank stoppet seg i sine ville filosofi over røykens mysterier, han prøvde å slutte for fjerde gang dette året. Egentlig begynte han å bli lut lei av å slutte hele tida, men madamen ville ha en røykfri mann. Frank måtte innrømme at det var best for ham også, hvis røyking er så usunt som alle vil ha det til. Han var jo klar over at troens makt er sterk og at både røykere og ikkerøykere går rundt og begraver nesen, dermed også helsen, i alle mulige slags grusomme sykdommer som røyken visstnok forårsaker.

Men det finnes jo doktorer som mener røyken ikke er usunn, joda, det kan nok hende disse legene mottar store pengesummer fra tobakksindustrien. Det paradoksale er bare det at de andre legene faen meg mottar penger fra Staten som i likhet med tobakksindustrien tjener en hel masse kronasje på akkurat den samme tingen; å utnytte folks suttebehov.

Det som Frank likte å konkludere med var at indianerne røykte jo, og de blir jo ansett som åndelige og høytstående. Visstnok kan det hende at det de røykte var av noe sterkere art – man skulle jo frambringe syner om fortid, nåtid, fremtid og andre okkulte ting. Vi ville ha kontakt med gudene, eller gudene ville ha kontakt med oss.

«Skal det være noe å drikke?», den megadeilige flyvertinna ser ømt(?) på ham. Frank kan ikke annet enn å svare et forførende: «Ja ... mmmmm ... la meg få en cola, er du snill.» I noen magnifikke øyeblikk satt Frank og nøt synet av de deilige formene til flyvertinna, mens hun tok fram en heller liten boks Coca Cola. På navneskiltet stod det at hun heter Mette. «Mmmmmmmmette», tenkte Frank.

Da Mette hadde forsvunnet ut av synsfeltet og Cola-en rant nedover svelget tenkte Frank på hvor stygt Cola egentlig er. Det var en historie om en fyr som tilfeldigvis(?) hadde kommet over oppskriften til metaproduktet. The Coca Cola Company hadde selvfølgelig nektet på at det var den riktige oppskriften den heldige fyren hadde kommet over. For tre år siden hadde Frank lest den. Det hadde vært et faenskap uten like fylt av diabolske syrer og andre ekle væsker. Det var nesten sånn at det ville vært sunnere å drikke batterisyre! Og tross alt dette, tross alt som heter sunn fornuft drakk Frank og millioner av andre, millioner liter av giftstoffet hver eneste dag.

Hvorfor?

Så kom SAS sitt supermåltid: røkt laks, smør, roastbiff, en brødskive, en sjokolade, et persilleblad, et salatblad, eggerøre, en kopp kaffe, et rundstykke og fruktcocktail til dessert; alt i miniatyrporsjoner. Litt mat i magen skader da ikke, hvis det ikke hadde vært for at maten var så forpestet av alle slags giftstoffer. Er prisen for bedre mathygiene giftig mat? Noe skal man jo leve av, og det samme skal man dø av.

Etter maten lente Frank seg bakover, lukket øynene og forsvant i sin lille dagdrøm. Han var igjen fire år. Han var gutten som kunne fly. Han løp over et jorde. Da han hadde oppnådd stor nok fart lettet han og svevde vakkert over en haug med idylliske gårdsbruk. Låver, jorder, steinrøyser, hus, veinett, høyspentledninger tonet seg i klare farger under ham. Poff. Han krasjet med små, hvite skyer. Han la seg oppå en sky og lot seg synke inn i skyen. Skyen tok vennlig og ømt omkring ham og absorberte ham fullstendig. Han ble selve skyen.

Det var sen ettermiddag. Solen varma som et lite helvete. Leiligheten var ikke lenger en leilighet, men et offentlig drivhus fra kommunistland. Hva som vekte Beate den dagen er usikkert, antageligvis var det den trykkende heten. Hun var våt av svette. Hjernen var i ulage. Det hadde vært litt av en kveld – går natt. «Ha ha», den falske latteren fikk henne til å le en gang til. Da hun reiste seg, kjente hun hvor omtåket hun virkelig var.

Etter en oppfriskende dusj mekket hun seg en mornings. Hun var overlykkelig for at hun hadde igjen noe hasj ifra gårnatta. Tjallen gjorde susen! Hun ble fjern og slapp – å bekymre seg over trivialiteter ville bare ha tatt motet fra henne. Hun merket at hun hadde lyst på noe å spise. Hun stakk ned til butikken.

Over en øl, en pose kyllingvinger og en pose potetsticks satt Beate på en benk ute i Guds natur og gaflet i seg. Ølen måtte hun true i seg. Varmen både gledet og plaget henne. Jeanette dukket opp fra ingensteds og satte seg ned ved siden av. Samtalen de førte hang ikke sammen.

«Bli med til Morten, der er det full fest i dag. Party! Morten har fått tak i masse heimert», Jeanette var tydeligvis festsulten. Beate var ikke særlig hypp på hjemmebrent, men uten å vite hvorfor lot hun seg overtale til å bli med på festingen – det hadde en tendens til å ende sånn. Det var ikke kommet mange til Morten ennå da de to kvinnene ankom. Senere fyltes kåken opp til randen av røyk, støy og festgærne folk. Beates to første glass med dårlig hjemmebrent gikk svært sakte ned, men de hadde sin funksjon og etterhvert ble det fart på sakene; de fleste ble fullstendig i slag og virret som gærne høns rundt omkring. Det eneste Beate savnet var noe god hasj, men i dag ble hun i strålende humør selv uten. Det som var igjen av hemninger og fordommer ble kastet bak en møllspist, gammel trekrakk.

Jeanette fikk med tiden overtalt henne og Harald til å bli med ut på en pubrunde. De måtte jo ha noen halvlitere. Da de satt med hver sin skummende halvliter, fant de ut at de egentlig ikke hadde lyst på øl.

«Jeg skal ha rom 308, takk.»

«Et øyeblikk.»

«Ja ...?»

«Hei, det er meg.»

«Å hei, Anja, som du hører kom jeg velberget fram. Ikke noe flykrasj her, nei.»

«Takk og pris (pause) Frank?»

«Ja.»

«Jeg er redd, jeg.»

«Redd? Hvorfor er du redd? Jeg skal jo bare være her over helga så kommer jeg hjem igjen.»

«Jeg føler meg så ensom.»

«Så ta og besøk noen av venninnene dine, da.»

«Jeg besøkte Helga i dag.»

«Fint ...»

«Jo, men det var noe ekkelt som skjedde... Åh, Frank! Jeg er så redd!»

«Anja, fortell nå hva som skjedde, ikke sitt der alene og fyll deg selv med ubegrunnet angst.», Frank gjorde stemmen sin så rolig og vennlig som han kunne.

«Den er ikke ubegrunnet», Anjas stemme var på bristepunktet.

«Fortell da, Anja.»

«Ja, jeg var altså hos Helga. Vi spiste lunsj og pratet om en masse hyggelig. Og så spurte jeg henne om hun kunne spå meg, du vet jo at Helga kan spå. Hun har jo gjort det mange ganger for meg. Ja, hun gjorde det vel for deg en gang, også, du må da innrømme at det stemte den gangen?»

«Joda.»

«Ok, saken var at jeg spurte om deg og meg, om oss, altså hvordan det kommer til å gå videre – og kortet som vi fikk var Death, Døden ... huff ... huff ...» Anja begynte å gråte.

«Anja, da, det er jo bare ett kort, jeg mener; det går sikkert bra. På søndag kveld er jeg jo hjemme igjen, da kan vi jo ta en tur til Helga og spå en gang til, jeg er sikker på at det bare var en feil som gjorde at vi fikk Døden.»

«Jo, kanskje», hun snufset «men pass på, da, Frank. Pass på deg selv.»

«Og du på deg. Jeg elsker deg.» (kyss)

«Jeg elsker deg også.»

«Hadet.»
«Hadet.»
(klikk)

Døden ... Death ...?????... Hmmmmmm... Hva kunne det bety? Frank satt og drakk vin fra barskapet mens han filosoferte på betydningen av hva Anja nettopp hadde fortalt ham. Han kunne kjenne at kroppen frøs kunstig. Det var som om tanken på dette fryktede ga kroppen en intens kribling av kulde. Huff, nei, det var sikkert bare innbilning. Han måtte holde hodet kaldt.

Frank tok opp sin hemmelige (Anja visste ikke om den) Tarot-stokk fra kofferten. Han tok også opp en bok om Tarot. Han bladde seg fram til XIII – Døden. Frank studerte bildet. Hvordan Døden ble framstilt på en tegning. Verden var full av forskjellige kunstneriske tolkninger av problemet død. Mennesket har jo alltid vært opptatt av Døden, alt annet ville jo ha vært sinnssykt.

Det var en hest. Hadde en hest noe med Døden å gjøre? På hesten satt et skjelett i rustning. Hesten var i fart og hadde det høyre forbeinet over bakken. Bakbena var utenfor kortkanten. I sin venstre hånd hadde skjelettet et flagg med et femkantet symbol. Solen forsvant langt borte i horisonten. Mennesker omkring hesten lå eller satt på kne; og kjente pinslene fare igjennom seg. Skjelettet smilte mot Frank og sa «I dag skal du dø, i morgen er du ikke mer.»

«Hysj», tenkte Frank strengt til seg selv, «Slutt og tull!» Han hadde lyst til å legge kortene fra seg og glemme hele greia. Men han måtte se hva kortet stod for først. Underlig at han i alle disse årene hadde drevet med Tarot uten å trekke Døden en eneste gang. Mon tro hvorfor?

Døden, står for forandring av alvorlig art. Den står for enden av en (negativ?) prosess som har gått for langt. Døden er siste utvei. Først etter Døden kan man bli gjenfødt. Først etter Døden kan man bli ren igjen. Døden er et fryktet kort fordi den tvinger sannheten fram. Den bruker om nødvendig de mest grusomme metoder for å nå sitt mål. Dødens viktigste budskap er: Jeg er bare grusom så lenge jeg fornektes. Det er frykten og motstanden som gjør Døden sterk og ond.

Går det an å lure døden?

Frank konsentrerte seg, stokket kortene, bredde kortene i en vakker bue, lot fingrene gli over kortene for å finne det kortet han skulle ha. Han stilte et spørsmål inne i seg, «Hva blir resultatet av Døden?» Pekefingeren hans stoppet opp over et kort. Han kjente energi strømme igjennom fingeren, opp mot hånden og ut til hele kroppen. Det er kortet. Han nøt følelsen et øyeblikk før han snudde kortet.

Ten of cups – Happiness. Frank pustet lettet ut. Døden ville iallefall føre noe godt med seg. Man fikk jo bare håpe at at døden kom til å forløpe mest mulig smertefritt. Han måtte se igjennom Dødens illusjon. Han måtte lure Døden for så å oppdage lykken!

To flasker vin gjorde Frank tørst. Han måtte ha mer! Når var sist gang han hadde drukket seg skikkelig full? Det var sikker måneder siden. «Åh, det var jo helt tilbake til påskeaften, åh», tenkte Frank.

«Å, hei, Anja, er du tilbake alt?»
«Ja, det som skjedde i morges plager meg.»
«Å ja, du får komme inn ... Jeg skulle egentlig til å legge meg.»
«Å, jeg beklager, kanskje jeg skal komme tilbake i morgen istedenfor?»
«Neida, Anja, du er fullstendig velkommen. Dessuten kan jeg jo se på deg at du plages.»
«Jeg snakket med Frank på telefonen skjønner du og så sa han at det kunne ha oppstått en feil. Jeg lurer egentlig på om du vil være så snill å spå en gang til?»
«Jeg skal innrømme at det er mot mitt prinsipp, men skitt au, vi kan sikkert gjøre det.»
«Å, Helga, du er toppen!»

Leiligheten til Helga var et spesielt syn. Det var som å komme til en åndelig jungel. Edelstener: ametyst, opal, bergkrystall, rosenkvarts, månestein, pyritt, rav, fluoritt og mange andre. Malerier med arketypiske figurer: hekser, ulver, måne, sol, stjerner, prinsesser, dverger, alver, engler, djevler, draker, demoner, trollmenn og alt man ellers ikke kan tenke seg. Statuer av Buddha, Shiva, Jesus og flere andre var plassert rundt omkring.

Det element som kompletterte dette åndelige miniatyrpalass var en masse eksotiske planter og søt meditasjonsmusikk som fløt rundt i rommene.

Anja kjente at hun kunne slappe av her. Hun følte at leiligheten var fylt med sjelelig ro.

Helga spurte Anja om hun ville meditere litt først, noe som Anja takket ja til. Helga skiftet musikk, tente røkelse og tok fram to meditasjonskrakker. «Her», sa hun og ga en til Anja, «Sett deg ned så skal jeg lede meditasjonen.» Etter en halv time hadde Anja falt i dyp transe og Helga kunne begynne med å sette seg selv i en lignende tilstand.

Det var et merkelig syn. De to kvinnene satt overfor hverandre. Med sitt tjafsete hår, usminkede og rynkede ansikt og freaka klær kunne Helga minne om en heks, hvis man så henne fra riktig, eventuelt feil synsvinkel. Anja, derimot, var en av disse kvinnene som puttet mye flid i det å se pen ut. Selv nå, når hun var overnervøs for sin forlovede hadde hun stylet håret. Sminket ansiktet og tatt på seg de mest moteriktige klærne hun hadde funnet. Snakk om kontraster som møtes; for felles glede.

Alkoholtørsten og alkoholrusen hadde geleidet Frank til å ende opp ved samme bord som Harald, Jeanette og Beate. Frank visste at han for kort tid siden hadde hilst på personene rundt bordet, men husket ingen navn. «To hell with the names. I am here for some beer. Oh yeah!», tenkte han.

De satt og diskuterte om hvilket ubeskrivelig geni Neil Young er. Hvor bra hans beste konserter på Kalvøya og Roskilde hadde vært – uten å glemme hvilke album og sanger som var de beste.

Frank fortalte frimodig at han var på helgebesøk for å dra på en kjedelig forretningskonferanse neste dag. «Det er bånn hakke kjedelig, men det er sånn som må gjøres for syns skyld.», forklarte han. Uten at noen av de andre hadde merket noe, var Harald og Jeanette forsvunnet.

«Hvor ble det av alle?»
«Ha'kke peiling», svarte Beate.
«Vet du, jeg kjøpte meg et gram av en fyr her istad. Du ha'kke lyst på?»
«Om jeg har? Om jeg har? Selvfølgelig har jeg lyst!»
«Men vi må ha et sted å røyke.»
«Vi kan dra hjem til meg og mekke.»

Litt senere satt de i Beates leilighet og inhalerte stoffet – som førte til at de satte seg kjærlig ved siden av hverandre og nøt rusen. «Du er en snill gutt som skaffet det grammet», sa Beate moderlig. «Er jeg?», svarte han. Han hørte at hun sa noe med «... mer med hverandre å gjøre ...» mens hennes grønne, sensuelle øyne smilte til ham. Han sa ikke noe, bare førte munnen sin bort til hennes, så kysset de. Den sterke rusen gjorde sitt, resultatet ble mer kløning enn klining. Men hvem bryr seg om sånn i sådan stund; de var overlykkelige begge to.

De danset, lo, klinte, var i totalt ekstase; de brydde seg ikke om noe. Dansen var om mulig enda mer klønete enn kliningen, stygg som juling. De eide jorda og jorda eide dem. Da de ble slitne, lå Beate i Franks armer mens de nynnet til «Hjernen er alene» med deLillos. «Jeg roper hjelp selv om ingen kan høre meg.»

Hva er det som frembringer denne bunnløse frykten?

Mette, flyvertinnen, lå i senga sammen med ektemannen. De drev og gjennomførte seksualakten. Men Mette var et helt annet sted. Hun tenkte på et ansikt hun hadde sett, men hvor hadde hun sett det? Jo, på 10.30-flighten til Bodø samme dag.

Hun kunne ikke fatte og begripe hvorfor hun lå der og knullet sin mann mens hun drømte om en vilt fremmed mann. Var hun i ferd med å tørne? Ble hun sakte, men sørgmodig gal? Hadde hun hatt jobben som flyvertinne for lenge? Begynte nervene hennes å slites?

«Ååååhhh», skrek han mens han kom inne i henne. Han var ikke av de stillferdige akkurat. «Æsj!», tenkte hun, «Æsj!» Hun hadde nesten skreket det høyt, men heldigvis hadde hun tatt seg i skinnet. Hun tvang seg til å omfavne sin mann, selv om hun i dette øyeblikk fant ham særdeles kvalm.

Det tok fem minutter før Einar lå og sov. Hun reiste seg, skalv av indre kulde og gikk på badet. Det var første gangen i hennes liv at hun opplevde dette. Hun dusjet lenge. For første gang i livet følte hun seg skitten. Møkka bredde seg utover hele henne. Det var hennes egen mann som hadde skitnet henne til. Inn i hver eneste pore, ja, overalt sprengte skitten seg fram. Hun var ikke ren. En fremmed hadde sett på henne. Sett på henne med øyne, øyne som sa: «Jeg elsker deg.» Dette var nytt og ukjent for henne. Hun kjente bare til «Jeg har lyst på deg»-øyne. I det øyeblikk innså hun – innrømte hun for seg selv – at hun var gift med en mann bare fordi han hadde lyst på henne, fordi hun var attraktiv.

Det som manglet var ekte kjærlighet.

Hvor fattig verden er på kjærlighet. En gang i løpet av sitt 28 år lange liv hadde hun sett ekte kjærlighet i en manns øyne, en gang, og denne mannen kom hun sannsynligvis aldri til å se igjen. Hvilken skjebne. Hun sank sammen på badegulvet i gråt. Verden er så urettferdig, så blottet for kjærlighet, vi har bare begjær, egoisme, og enda mer begjær. Vannet fosset ned over henne og blandet seg med vannet som skilte seg fra hennes blanke kikkegroper.

Etter litt tid kom Einar inn, «Men Mette, hva er det som skjer?» Hun svarte med gråt. Snart lå de i hverandres armer med dusjen spylende over seg. «Å, Einar, Einar du må aldri forlate meg ... Einar, ikke forlat meg. Einar, jeg elsker deg ... Einar, du må ikke dø fra meg ...», hulket hun. Einar følte seg ille til mote da han hadde to elskerinner på si. Men med tiden gikk skyldfølelsen bort.

Det gjorde den alltid.

Frank følte seg heller ille til mote ved konferansen. Han satt i en stol og drakk svart, lunken kaffe. Han strevde med å erindre bilder fra gårsdagens fyllekalas.

På hotellet er det øl, vin og alt som trengs for å komme i form. Hvorfor er jeg her når jeg kan sitte på hotellrommet og pimpe? Faen, jeg var nesten utro i går. OK, på sett og vis var jeg utro selv om vi ikke knullet, jeg mener vi klinte jo ganske hemningsløst og ... Hadde jeg knullet henne hvis jeg hadde hatt sjansen? Hvis det er så enkelt for meg å havne i en annen kvinnes seng, burde jeg da gifte meg? Eller er det alkoholen jeg bør kvitte meg med? Åpner ikke alkohol bare for undertrykte følelser? Den åpner dypet, men bør dypet egentlig åpnes? Men på en annen side å tørrlegge seg helt, det blir vanskelig. Man har jo julaften, nyttårsaften, påskeaften og diverse andre høytideligheter som bare må grunne ut i fyll ... eller må det? Kan jeg klare å holde meg unna?

Er det dette som er Døden? Er det dette som Anja advarte meg mot? Dette er jo et stort problem, ikke bare for meg, men et generelt problem for mange – det er mange av oss gutta i samme båt. Nå har jeg faen meg havnet i båten selv også. Faen òg! Hadde jeg bare klart å holde meg unna.

Et svakt minne fra barndommen trengte seg fram i Franks hode. Han var på ferie med sin far på et kollektiv. Det var mange hyggelige mennesker der, mennesker som var snille. Men det var også ekle, onde, egoistiske mennesker som hadde som eneste ønske å kontrollere flest mulig av de andre. Maktsyke skapninger med vansiret hjerne og hjerte. De likte ikke barn; de likte ikke Frank. Frank likte ikke dem, hatet var gjensidig.

De snille og greie lot sine markhjerneprinsipper omforme dem til dumme naut. Moralen fikk makt over menneskets eneste vilje: lykke, harmoni, glede og kjærlighet – for når dette seirer har selv den ondeste av det onde det godt. (Selv om de aldri innrømmer det.)

Han og noen barn hadde knabbet røyk fra en av de voksne. De stod inne i et skogholt like i nærheten og smugrøykte. Det ble lite røyking, mest hosting. Ingen av barna hadde den minste anelse om at røyken skulle inhaleres, takk og pris for det. Gjorde man det for å tøffe seg? Av nysgjerrighet?

Hvorfor trenger man et motiv for å gjøre noe?

Det er ikke sjeldent at barna blir nedprioritert ved et kollektiv. Noe lignende skjer i mange hjem. Barn er barn og ikke likeverdige mennesker. Du er et barn, hører du, du forstår ikke alt det vi voksne forstår. Din hjerne er for liten, du, ditt lille uskyldige kryp. Idealisme, jobbing, egoisme, illusjoner og selvutvikling kommer først!

En dag, ja, faktisk ganske mange dager, hadde Frank gått alene på landeveien til/fra kollektivet og studert naturen. Han kunne så vidt huske det nakne, flate landskapet med bare noen trestubber som stakk opp her og der. Han hadde ikke tenkt på dette siden den gang det skjedde, men hvordan kunne han være sikker på at det faktisk hadde skjedd? At det ikke bare var hukommelsen hans som spilte ham et ubarmhjertig puss? Han kunne jo knapt huske hva som skjedde forrige natt ...

Frank visste at dette var en paranoid og idiotisk tankegang. Han måtte jo i det minste kunne stole på seg selv, hvem ellers var det igjen å stole på? Han døste av med det søte, merkverdige bildet av en morken trestubbe i tankene.

«Hei.»

«Hei, å ... Anja er det deg?», Frank ble vekket av telefonen og befant seg i sterk døs.

«Det har ikke skjedd noe, vel?», Anjas stemme lød bekymret.

«Ehh ... Nei, hvorfor skulle det ha skjedd noe?», løy Frank.

«Døden, vet du ...», det ble en liten pause.

«Åhh, Anja slutt nå å tenke på slik overtro, alt kommer til å gå bra.»

«Var det gøy på konferansen?»

«Gøy og gøy, det var interessant, iallefall.», Frank spilte med fordi han var trøtt, irritert og hadde lyst til å få avsluttet samtalen så fort som mulig.

«Frank?»

«Ja ...»

«Jeg gjorde som du sa i går, og ...»

«Hva gjorde du?»

«Jeg dro til Helga for å spå en gang til, huff ... det er så skummelt, så trakk jeg Døden en gang til.», Anja begynte å gråte.

«Shit ...», han kvelte det, «Du rosa mi, det kommer til å gå bra, Døden er jo bare et symbol på gjenfødelse, alt ordner seg vøttø.»

Frank visste at han var en elendig løgner. Han satt og skalv i hotellsenga. Han tok seg en røyk og fyrte på. Vel, så hadde han ikke klart å slutte denne gangen heller, men kanskje neste gang? Det er alltids håp. Dessuten så var han jo mer eller mindre ufrivillig havnet opp i en symbolsk død – hva var vel mer naturlig enn at han trengte noe sedativer til å hjelpe seg igjennom dette?

«Åh, Frank, jeg er så redd. Kan du ikke komme hjem i dag?»

«Men, Anja, da, jeg kommer jo hjem i mårra.»

«Men jeg er så ensom og redd. Kan du ikke komme til meg nå med en gang, er du snill?»

«Min kjære turteldue, jeg skulle gjerne ha sagt ja, men som du vet er det mer konferanse i mårra – and I've gotta be there.», han fortalte henne halvsannheter.

Han kunne godt ha dratt alt i kveld hvis han hadde lyst, men det hadde han ikke. Han hadde noe han måtte ordne opp i først. Han måtte ha klarhet. Det var jo sant at det var mer konferanse på søndagen, men det hadde han tenkt å skippe.

«Å, Frank, jeg elsker deg, pass på deg selv, jeg bare håper at det ikke skjer deg noe.»

«Samme til deg, elsker deg, hadet bra, turteldua mi.»

«Hadet bra.»

Frank drakk en flaske vin og røyka fire røyk før han forlot hotellet. Han hadde tenkt seg bort til hun som han ikke kjente navnet til, men som hadde vekket uante følelser hos ham. Han hadde nesten vært utro med en kvinne hvis navn han ikke kjente. Hva slags umoralsk dyr var han? Han hadde dog endel problemer med å huske veien. Han fant fram etter en hel del undring og usikkerhet. Utenfor leiligheten så han at det stod: «Beate Hansen». Det var altså Beate hun het.

Og så Hansen da. Hvor teit var ikke det? Hvor mange uskyldige mennesker i dette blir utsatt for den nedverdigelsen det er å hete Hansen. Hvem som helst kan jo hete Hansen. Hansen meg her og Hansen meg der. Det er jo til og med et idiotisk, lite dikt som heter Hansen, Hansen, Hansen ...

Beate var hjemme, hun hadde besøk av Katrine, Marianne, Ole og Harald. Frank hilste på de besøkende og var besøkende selv. De satt rundt et bord og røyka tjall. De fleste var så langt borte at det var ikke særlig vits å prøve å oppnå kontakt. Frank ble med på røykinga og ble selv transformert til en av de fjerne. Han skulle ønske at Beate hadde vært alene sånn at de kunne ha snakket sammen. Sånn som situasjonen var, var det lite han kunne gjøre.

Så begynte han å tenke. Han tenkte på universet, planetene, på meningen, hvis det i det hele tatt var noen mening med det hele. Plutselig skjønte han (som han pleide når han var høy) alt. Han forstod hvordan universet pulserte. Hvordan alt var oppbygd av energi – den såkalte Guds kjærlighet som var Gud selv. Hvordan hver del av universet inneholder informasjon om hele universet. Hvordan hver brikke av urverket var like nødvendig som en hvilken som helst annen. Hvordan dominoeffekten gjorde at et uendelig lite punkt et sted i universet ble påvirket av *alt* som skjedde ellers i universet. Hvordan et levende individs informasjon var pakket ned i et DNA, akkurat på samme måte som man pakker informasjonen ned på en datamaskin. Algoritmer het det visst. Og hvordan disse DNAene kunne pakkes opp igjen til å bli levende organismer.

Alt er til, for alt er til – samtidig er ingenting til. Til enhver sannhet finnes det en motsetning som også er sann. Paradoksene er sanne og samtidig løgn. Det relative er ikke relativt selv om det er det. Tid er bare et innbilt begrep. Alt er bare en illusjon og samtidig finnes alt. Det må man innrømme, at en bil er og blir en bil, selv om den med induksjonsbeviset kan bli både mus og mann.

Alt er essensielt. Alt er falsk idyll.

Frank skjønte likevel ikke hvorfor menneskene var så fulle av grotesk faenskap. Hvorfor vi skulle hate vår snille, herlige moder Jord sånn?

Hvorfor dreper vi deg, mamma?

Da han gikk lei av filosoferinga hadde han et lite spisekick. Bordet var fullt av snacks; seigmenn, bamsemums, ostepop, lakrisbåter og ikke minst potetringer. Han begynte å tenke på Beate igjen. Han gikk på kjøkkenet og skrev en lapp: «Kjære Beate. Jeg skal dra igjen søndag ettermiddag, skulle gjerne ha sagt hadet, kan du ikke møte meg ved Statoil-stasjonen (fantasiløs som han var fant han ikke på noe bedre) rett over gata kl. 13.00? Hilsen Frank». Det var pinlig vanskelig å skrive. Ville hun huske navnet hans? Ville hun gidde å møte opp?

Så forlot han stedet og drakk seg pinlig full.

Det ringte på døren. Anja rykket til med et sjokk. Hvem kunne det være? Hadde Frank ombestemt seg og kommet hjem tidligere? Eller var det Døden i egen person som banket på? Hun tvang den latterlige frykten vekk og gikk for å åpne døra. Hun ble skuffet da hun så det var Irene. Hun hadde ikke sett Irene på et halvt år, kanskje lenger.

Skuffelsen ble raskt byttet ut med gleden av å få besøk.

«Men, Irene, så hyggelig, ja, nå er det lenge siden jeg har sett deg.»
«Kutt ut sentimentalpreiket, du veit jo godt at jeg bor i Kristiansand nå. Det er jo ikke så ofte man har tid til å besøke hjemtraktene lenger.»

De klemte hverandre, det var en god klem.

«Stig på.»
«Takk, det var på tide.»

Irene var en gammel skolevenninne, en stund hadde de vært som et unikt snøfnugg. Deres hjerne og kropp hadde fungert som én organisme – en amøbe som når som helst kunne dele seg i to, hvilket den også gjorde til slutt. Det store bruddet hadde kommet fordi Anja hadde stukket av med Irenes kjæreste, Jan, en gang i tiden. (Det eldste triks som finnes.)

Men Jan hadde vist seg å være en fortapt, evneløs skapning og vennskapet mellom Irene og Anja hadde så smått grodd i orden igjen; om enn aldri så bra som det hadde vært før. Mens Anja var forlovet og trofast mot sin Frank, hadde Irene bare en og annen kjæreste i ny og ne, sjeldent noe som varte.

Dette mest fordi Irene syntes menn egentlig var en gjeng gjennomførte drittsekker.

«Irene, jeg har ikke laget noe middag i dag siden Frank er borte.»
«Han har ikke stukket av på vift?»
«Nei, han er på forretningsreise.»
«Hmm, dette låter ikke bra.»
«Irene, ikke alle menn er sånn ...»
«Å, det gjenstår nå å se, men jeg beklager likevel, jeg skal jo ikke gjøre deg mer nervøs enn du allerede er. Det formelig lyser engstelse av deg.»
«Hmm, ja, det gjør vel det.», sukket Anja.
«Kan vi ikke stikke ut og ta en middag mens du forteller meg om hva som er galt?»
«Jo, det høres ut som en god ide.»

De valgte Restaurant Lammarantz, for den hadde utsøkt mat og service, bakdelen var at det var en hellsikkes dyr restaurant. Kvalitet koster – sånn er det. Anja fortalte Irene om hva som hadde skjedd de siste dagene mens de gaflet i seg hver sin lammestek. Hun fortalte også hvordan hun følte at Frank hadde holdt noe tilbake da de hadde snakket sammen tidligere samme dag.

«Menn gjør gjerne det.», sa Irene like arrogant som alltid. Irene var heller ikke særlig overtroisk og påstod at Helga antageligvis var bløffmaker: «Hun prøver bare å gjøre deg engstelig. Hekser fører aldri noe godt med seg.» «Men Helga er hyggelig hun.», forsvarte Anja henne så godt hun kunne. «Joda, hun kan godt være hyggelig, men du må innrømme at man må ha noen skruer løs hvis man tror at noen kort kan spå framtida. Da kan man like gjerne spå i kaffegrut. Men klart, Helga mener sikkert bare godt med det ... bre om seg med Død og fortvilelse.»

Selv om de to kvinnene hadde svært forskjellig synspunkt på livets store, eventuelt små, mysterier (som i og for seg bare er et sunt middel mot å henfalle for mye til illusjonene) hadde jentene likevel en svært hyggelig prat. Maten var god, stemningen var god og livet var godt. Hva mer kan man ønske seg? En masse materielle goder og sikkerhet? Makt over andre mennesker? Uendelig liv?

De dro hjem til Anja, trakk opp en flaske rødvin og fortsatte den herlige jentesammenkomsten. Det var ikke måte på hvilke slibrigheter og underlige tema som ble servert på samtalemenyen den kvelden. Flere lokale store og små sjarmører måtte under den nådeløse pisken. For første gang kunne også jentene snakke åpent seg imellom om tilfellet Jan, «The Anti Man» som de kalte ham. Timene gikk som de pleier, rødvinen forsvant i glupske jenters ganer. Mørket snek seg sakte nærmere.

Etter Døden kommer gjenfødsel – tror man.

Klokka ett søndag ankom Frank Statoil-stasjonen og kjøpte seg en chilipølse med brød, lompe, stekt løk, agurkmix, chiliketchup og sennep. Pølsens smakte idyllisk. Frank ventet en halvtime ved stasjonen. Han var sliten, men det demret liksom for ham at Beate sikkert fortsatt lå og putret. Han bestemte seg derfor for å gå tilhen. Han stanset utenfor døren hennes og ringte på. Bare hun nå var hjemme, bare hun nå var alene.

Beate var hjemme, hun kvakk til da hun så det var Frank som stod der.

«Frank?», det oppstod en pause, «Jeg trodde du hadde reist.»
«Leste du ikke beskjeden min?»
«Beskjed? Hvilken beskjed?»
«Denne beskjeden.», Frank gikk inn på kjøkkenet og viste henne.
«Nei, den har jeg ikke sett.», hun leste lappen, «Fint at du tok turen hit istedenfor. Jeg lå fortsatt og sov. Å herre min, hvor trøtt jeg er. Du må jo være litt av et vrak selv.» Beate smilte til Frank.

Frank så betatt på hennes grønne, vakre øyne som utstrålte en godhet man ellers ikke kunne se på resten av hennes atletiske kropp. Godheten var

79

gjemt i øynene, det var øynene som var clouet, og samtidig majoriteten av løsningen, av sannheten. De satte seg ned ved siden av hverandre med armene over hverandres skuldre.

De kjælte forsiktig med hverandre.

«Du har sikkert oppdaget forlovelsesringen min?»
«Nei, det har jeg ikke. Er du virkelig forlovet? Det må jeg si.»
«Ja, det var mitt *uskyldige* eventyr med deg som fikk meg til å tenke grundig over saken. Jeg vet ikke engang om jeg elsker Anja. Jeg er usikker på om jeg klarer å være tro mot h...»

Måten hun flørtet med stemmebåndet da hun nynnet et «hmmm», fikk hjertet hans til å ta et halvt hopp, «Anja, ja, jeg kjente engang ei jente som het Anja, men hun døde i en bilulykke. Sjåføren hadde hatt lappen i tre dager. Han var den eneste som overlevde. Tre passasjerer, iberegnet Anja, var med. Sjåføren ble dømt for uaktsomt drap.» «Da er det iallefall ikke samme Anja vi snakker om.»

«Hahaha, du slår til med morsomheter selv når jeg prøver å fortelle deg en sørgelig historie. Hahaha, du er ikke sann.»
«Har du lyst til å høre hva jeg har tenkt?»
«Egentlig ... har jeg mer lyst på en mornings, har du også lyst på?»
«Nei, jo kanskje, ok da.»

Beate mekket, så røykte de. Atter en gang forstod Frank altet, det evige i seg selv, selve ur-gåtene. Beate fløt i harmoni med Neil Youngs «Needle and the damaged done». Så begynte de å stryke mer utfordrende på hverandre. Hendene befølte tabubelagte steder. Beate tok styring og brakte Frank til steder han aldri hadde vært før; til uante seksuelle gleder. «Å Gud, for en kvinne, som kan alt hun burde kunne, det jeg burde kunne, seksualitetens store hemmeligheter», tenkte Frank.

Hun lekte lystig med ham, hver gang han var presset til bristepunktet skiftet hun over til et annet gir, et annet sted på Franks sitrende kropp. Hun hadde oppnådd flere kraftige orgasmer før Frank i det hele tatt fikk lov til å komme, lot seg selv skyte utover den vibrerende kroppen, oppover de duvende, små, yndige puppene, helt opp til ansiktet. Å, så herlig det var for dem begge. Hvilken idyll.

Så var det likevel lite som skulle til før Frank lå med en annen kvinne.

Anja lå i dobbeltsenga, ved siden av henne lå Irene og sov. Åh, hvilken natt. Det hadde skjedd så naturlig, av seg selv, liksom (nå er jo dette ikke sant da ingenting skjer av seg selv). Hvilken utrolig natt det hadde vært. Irene hadde gitt Anja en tilfredsstillelse som ingen mann til dags dato hadde gitt henne.

Når sant skal sies, så var det sant at det ikke hadde vært mange andre enn Frank. Fordi de andre hadde bare lagt henne ned og tatt henne som om hun, Anja, bare bestod av vagina, av kjønn. Som om hun bare eksisterte som pikkens tømmeplass. Det var kanskje derfor hun hadde valgt Frank, fordi han iallefall prøvde å gi henne den nytelse hun så sårt savnet. Han hadde gjort sitt beste for å gjøre seksualakten til noe mer enn et kort knull. Dessverre hadde han tilsynelatende ikke evnen til engang å være i nærheten av å gi henne den nytelse Irene hadde gitt henne denne natten.

Et spørsmål formet seg på hennes tunge, men forble uuttalt; hvorfor hadde de ikke gjort dette før? Om det var umoralsk og usedelig fikk være, dette var jo toppen, dette var ekstase.

Hvis dette er Døden, da er Døden god.

Frank lå med Beate ved siden av seg. Som så mang en gang føk tankene hans av sted i hans egen hjernes merkverdige og underfundige univers. Plutselig oppnådde han en fullstendig klarhet over situasjonen. Grunnen til déjà-vu-et var jo at han hadde drømt om denne turen mang en gang. Han hadde skjøvet det unna. Gang på gang hadde han glemt det. Det var derfor Døden tvang seg på fordi han ikke hadde villet innrømme sine egne drømmer.

Det som pirret Frank mest var det at når han husket sin egen drøm, at det var her – nå – der han lå at drømmen sluttet. Déjà-vu-et var over. Nå var han gjenfødt. Veien videre var ubesudlet; den var ren. Det var nå han måtte gjøre det avgjørende valget. Valget om han ville ha pose eller sekk; uten at han fikk på forhånd se hvilken av lagringsenhetene som inneholdt katten.

«Når skal du hjem til din fru?»
«Hadde jeg fått lov til å bli hvis jeg ba om det?»

«Du kan godt bli her, men du har en fru hjemme, du kan ikke få oss begge, ha haha.»
«Da så ...»

Frank reiste seg halvveis ut av sengen, som om han var på vei ut. Hevet sin høyre hånd vinkende. Lot forlovelsesringene ristes av og heiv den hardt i veggen. «Til helvete me'n.» Igjen hoppet hjertet hans, denne gangen for fullt da den feminine klukkende latteren slo mot ham: «Hahaha.» Hun så på ham med sine herlige jadegrønne øyne.

Så kysset de.

«Jeg vil sove hele tiden, men la meg for Guds skyld slippe drømmene»

Jeg drømmer så mye rart. Det er ikke mye jeg forstår av det. Ofte jobber jeg i panikk hele natten. Konstant panikk, iallefall føles det sånn. Når jeg våkner, er jeg sliten og dekt i et teppe av svette. Jeg tror ikke det er normalt, men vet egentlig altfor lite om søvn og drømmer til å uttale meg om det.

Jeg har nettopp hatt en lur på en halv time. Rett ut på sofaen. Det er en fin ting. Jeg ønsker å vite mer om drømmer, om søvn. Kanskje jeg kan finne ut av noe om hva det er som har skjedd meg. Hvorfor jeg er her? Hvem og hva det er som gjør at alt er mørkt. Finne veien mot lyset? Jeg undrer hvordan det er mulig at jeg har drømt så mye på 30 minutter når det etter sigende skal ta ca. fire timer å nå REM-søvnen, der hvor drømmen skapes. Nei, dette må jeg finne mer ut av.

Jeg har skrevet ned det jeg husker fra det jeg drømte på et ark. Jeg skjønner ikke bæret av det. Men kanskje jeg kan finne noen ledetråder, hvis jeg bare visste om noen som kunne hjelpe meg.

Del E

Drømmen

«Å lytte til sine drømmer er som å lytte til seg selv» – leseren

Han hatet på-øktene. Han hatet den intense varmen som gnog seg inn i huden hans; svidde den hard og stygg. Han hatet svetten. Svetten som piplet ut fra porene og samlet seg i små perler som rant, kilende nedover. Han hatet ilden, de sterke fargene og den vislende lyden.

Han skuffer på kull som en helt. En av de få tingene som bet seg i bevisstheten hans var at han måtte skuffe på kull i et hektisk tempo. Det sved i armmusklene. Lungene gispet etter luft. Stundom kunne han ta en liten pause. Da satt han passivt og stirret tomt mot ovnen. Hodet var vridd litt mot venstre som om det lente seg mot en pute eller noe enda bedre.

Hvis man ikke hadde visst bedre, ville man trodd at han satt der halvt hjernedød og døset av i intethet. Men inne i hodet hans dannet det seg ideer, nyanser, bilder; fargerike fantasier som formet små, underlige historier. Han drømte seg bort, framover inn i et skapt utopia, en ikke-eksisterende drøm hvor han slapp å slite tolv timer hver dag med å skuffe på kull i et fyrrom.

Han bodde i et vakkert, lite hus. Et magisk hus. Det hadde to etasjer. Tre soverom, to stuer, et praktisk kjøkken og et luksuriøst bad. Huset hadde den finurlighet at det kunne snakke, lage mat, underholde, holde seg rent, ja, det kunne til og med trøste selv om det sjelden trengtes.

Han satt på kjøkkenet og spiste et vidunderlig måltid som huset hadde

87

tilberedt. Rundt bordet satt også den vakreste konen som tenkes kan. Blondt, langt, fyldig hår som svaiet forførende når konen rørte på hodet. Det ovale ansiktet så friskt og ungdommelig ut. De vakre, safirblå øynene glitret i det opplyste rommet. Hele hennes skapning var behagelig, men dog ustyrtelig fristende. Han kunne nesten ikke holde seg, og hadde heller ikke gjort det hadde det ikke vært for tvillingbarna – en gutt og ei jente. To små skjønnheter, rene og velstelte små kryp som med glupsk appetitt (de hadde vært ute og lekt hele dagen) slukte den lekre maten.

Med en gang maten var ferdig og ungene hadde løpt ut i den gedigne hagen, hoppet de på hverandre. De lekte, lo, danset, elsket, løp ut i hagen, kjente gresset kile dem, rullet seg rundt på bakken.

Det var enkel lykke og han var ikke alene. Han hadde mange naboer og venner rundt seg som også var lykkelige. De brukte dagene sine som små barn. De lekte, utforsket og danset. Alle vedlikeholdsfunksjoner ble håndtert av det magiske huset hvis oppgave var å bistå mennesket på alle tenkelige måter.

Vennene holdt ofte store fester i gledens navn. Med gigantisk bål som lyste opp natten. (Av en eller annen grunn festet de alltid om natten – siden natten er festens tid.) Snille feer sang og spilte musikk, mens menneskene danset i en berusende ring.

Han måtte bruke en ualminnelig sterk stålvilje for gang på gang å ta seg tilbake til den tørre, glohete luften for atter en gang å måke på uendelige mengder med sort kull.

Han hatet all skitten som angrep ham, boret seg inni ham og som ikke ville gi slipp. Han var alltid skitten og hadde vært det lenge. Han hatet han som hadde vakt da han hadde fri fordi han minnet ham om dekadensen – av å jobbe der lenge – for alltid.

Da han ble avløst, vasket han seg, spiste og sovnet pladask i senga si. Han vred seg rundt i en drømmeløs og skitten søvn. Tolv timer senere satt han atter på vakt.

Han satt ved middagsbordet i sitt magiske hus og spiste mat med familien. Han beundret sin kone og barn. Han oppdaget plutselig en liten uharmonisk detalj i sin kones ansikt. Han var overrasket, det hadde han aldri sett før.

De neste dagene oppstod flere og flere små feil i hans lille idyll. Han undret seg over dem, men aldri lenge av gangen. Det var ingen vits å bry seg med detaljene, han hadde sitt lykkeland, dermed basta. Han prøvde likevel standhaftig å fjerne feilene. Stoppe sprekkene i drømmen. Det var tross alt hans egen fantasi, til ingen nytte.

Sakte, virkelig sakte, uten at han klarte å gjøre noe med det, forfalt drømmen hans. Konen var fortsatt vakker, men man kunne klart se at hun var eldet. Middagen var fortsatt god, men ikke fortreffelig lenger. Ungene spiste fortsatt mye, men nå småtrettet de om uvesentlige ting.

Han lot seg ikke bry med feilene. Han sendte barna ut og danset elskovsdanser med sin kjære.

Etter hvert ble feilene større, klarere, de brøt seg som ugress inn i drømmen. Konen var ikke lenger pen, minnet mer og mer om noe som et forfallent monster. Huset kunne ikke lenger kunsten å lage mat og barna plaget ham med frekke påfunn. Han tok seg sammen, anstrengte seg til det ytterste for å rengjøre og rense – men drømmen brast – den ble et mareritt.

Han hatet varmen. Han hatet lyden av lungene som ønsket noe annet enn den stekende lufta. Han hatet drømmen som ble et mareritt. Han hatet periodene med intens kullskuffing. Han hatet flammen som han måtte holde i live.

Når han var ferdig med å skuffe, satt han passivt og så tomt foran seg mot ovnen. Hodet hans hang lutet mot venstre. Hvis noen hadde sett ham, så ville de ha rett når de tenkte: «Han som sitter der døser nok i et mantra av intethet.»

Håpet

«Hva om din verste fiende er deg selv?»

Jeg ser på en fremmed i speilet. Han minner om meg selv, men det er helt tydelig en ukjent. Kanskje har jeg en hemmelig bror? Men hvorfor er han så mørk og hatefull. Øynene gnister av ødeleggelse og ondskap. Hva gjør han her?

Han har en pistol rettet mot meg. Han ønsker å drepe meg. Jeg har tatt til motverge og har en pistol rettet mot ham. Hvor har jeg klart å få en pistol fra? Det er så mange hull i hukommelsen min. Han slår av sikringen og presser lett mot avtrekkeren. Det er like før det skjer.

Dette er en klassisk tap-tap-situasjon. Hvis en av oss skyter først, dør den andre av oss også. Eller? Er det sånn at han vil rekke å skyte hvis jeg skyter først? Rekker jeg å skyte hvis han skyter først? Vel, uansett så taper jeg, enten så dør jeg jo selv. I beste fall kan jeg håpe på at jeg klarer å skyte ham og overleve – men da har jeg jo drept et menneske. Det er jo noe som det ikke er enkelt å leve med.

Dette er noe jeg ikke trenger, jeg har mer enn nok dritt å ta meg av. Denne tap-tap-situasjonen er for mye for meg.

Han stirrer olmt på meg. Presser ennå litt på avtrekkeren. Det nærmer seg sakte triggerpunktet.

Jeg kan ikke la det skje. Jeg gjør sakte tegn med øynene og den venstre hånden om fred. At jeg skal ta ned våpenet. Så tar jeg bort fingeren fra avtrekkeren. Sakte setter pistolen i sikkermodus. Slipper ut magasinet og senker det ned.

Vil han følge meg? Eller skyte meg likevel? Jeg er usikker. Ser på ham. Sakte følger han mitt eksempel. Vi smiler begge to. Vi vant, vi vant en tap-tap-situasjon. Hvordan fikk jeg dette til? Jeg må ha mer i meg enn noen aner. Klarer jeg dette – klarer jeg alt.

Del F

Porno og Pervo i knipe

«Det hender at guttene kler seg ut som vanlige mennesker og tar en tur ut på byen, da går de under navnet Øystein og Arne» – *Gammelt P&P-ordtak.*

Igjen, rider. Menn, fulle, to. De raver nedover gatene. Det er det gamle ritualet. Det samme ritualet som skjer over 52 ganger i året. Tærer opp levra og nyrene deres. Tærer inn i kroppene deres. Endrer forbindelsene og strukturen til cellene i kroppen deres.

Men, Gud, hvor mye gøy de har.

Det er nok en lørdagsnatt som alt har blitt til søndag. De raver rundt i byens gater. De er dritings. Denne lørdagen har de ikke fått noe napp. Raver mot gatekjøkkenet for å få seg en matbete. Som vanlig er det kø for å få hivd i seg en stusselig kebab av heller tvilsom kvalitet.

– Så sinnssykt god denne kebaben er, Porno, utbrøt Pervo.
– Ja, dette er den beste!

De raver nedover gatene og kommer over ei dame som går i jeans og sort genser. Hun har tilsynelatende de største, fasteste brystene de noen gang har sett.

– Se på deg da, jenta, du er jo Madonna with the big boobies, utbryter Porno (som har sett litt for mye 'allo 'allo).
– Din frekke faen.

97

– Søta, da, jeg bare beundrer dine beste deler, sjeldent har jeg beskuet noen med bedre pupper enn dine – hva sier du om jeg og kompisen min blir med deg hjem for å beundre dem litt nærmere.
– Nei takk, sier hun avvisende og forlater dem.

Pervo ler av Pornos feilslåtte sjekking.

– Du får ikke damer når du har bringa full av kebabsaus, ler Pervo.
– Faen òg, det la jeg ikke merke til, men du er ikke stort bedre selv, se på skjorta di, da, mann. Nesten som Jokke, jo, lurer på om du har smurt ræva di opp med sennep, au.

De flirer i kor. Så raver de seg hjem og i seng i Pornos residens.

Pervo våkner tidlig, han drakk mye dagen før så spriten ligger ennå fersk i ham. Han popper opp på kjøkkenet og hiver i seg en halvtørr bolle. Så hører han lyder fra stua og begir seg dithen. Der sitter Porno i sofaen og ser på naturfilm sammen med ei lita hottie.

Det er Runa. Hun har brunt hår som grenser mot det røde, øynene hennes er svakt grålige og roper kun etter en ting.

Pervo setter seg ned i sofaen og tar del i porr-tittinga. Runa driver og maser på Porno om at hun har bedre fitte enn hun på filmen. Porno avviser henne hele tiden. Runa er desperat etter å få seg med Porno og tilbyr seg på alle måter. Pervo er kåt som bare faen og skjønner ikke hva det er som går av Porno.

Porno og Pervo går ut for å ta en røyk mens Runa sitter igjen inne.

– Hvorfor puler du ikke vettet ut av a? Hu er jo drittdeilig.
– Jeg har ikke lyst til å være utro mot Anne.
– Faen ta Anne, altså, etter du ble sammen med henne så ble du så tafatt. Husk at vi er et team. Vi kan ikke la damer ta knekken på oss – det er vi som knekker dem.
– Det er lett for deg å si, da. Jeg er forelska.
– Det tenkte du faen ikke mye på i natt da du sjekka opp Madonna med de store puppene. Du hadde jo fyrt over henne som en hvilken som helst feiekost.
– Nei, det er ikke det samme, da, da var jeg jo full.

– Det er ikke noen unnskyldning.

– Neeeeei. Men så du puppene hennes?

– Ja.

– Hun hadde det faen meg vært verdt å være utro for. Tenk å få pattjuxka hu der. Det hadde vært Porno og Pervos konditori, det.

– Så sant ..., nikker Pervo.

– Og hu Runa der, hu er skikkelig dirty. Du kjenner ha ikke, men jeg veit om flere hu har liggi med, aner ikke hva slags faenskap man får av hu.

– Ikke noe problem, da tar vi ha med kondom – Chochan, riktignok, den mikrotynne.

– Skjønner du ikke at hu er ei hore? Din jævla kondommann.

– Joda, men skitt au. Det er jo søndag bare en dag i uken.

Når de er tilbake så kan ikke Porno holde unna for presset. De er et team tross alt. Han ber Runa bevise at hennes er best. Så tar Runa av seg buksa og begynner å masturbere for dem. Guttene kan tydelig se at hun er velbrukt.

Porno starter opp med henne og ikke lenger etterpå er Pervo med på leken. De er begge inderlig glade for at Pervo hadde en pakke Chochan-kondomer liggende. Det går riktig rått for seg, riktignok i utakt med filmen på TV-en.

Midt i akten kommer Anne inn – og det blir fort stopp.

Pervo sitter hjemme alene. Han sitter og ser på MTV med lyden slått av. På platespilleren har han tatt på Jokke med «Et Hundeliv». Han ser etter pene damer på skjermen for å nappe løken til.

Det er dårlig med fine damer på TV akkurat nå, mest halvskjeggete og kjedelige menn. Det drøyer og Pervo snur platen tre ganger før han er ferdig.

Det ringer på døren. Det er Porno. Han ser sjuskete ut, med et halvvilt blikk. Pervo er ikke vant med det så han skvetter litt.

– Hva er det som skjer?

– Det er Anne, hun har dumpet meg.

– Ai, men det er jo flere fisk i sjøen.

– Du skjønner det ikke, du, jeg er glad i ha.

99

– Jo jo, men det går over ... neste helg på byen så finner vi ei ny ei til deg. Kjenner en sterk eim av F...

– ... Faen ta deg, Pervo. Faen ta deg. Det er du som lurte meg ut med det derre Runa-ludderet. Jeg vil ikke se trynet ditt mer.

Porno slamrer igjen døren og forsvinner.

Pervo skjønner det ikke, skjønner ikke hva Porno egentlig ser i Anne. Han finner henne hverken spesielt pen eller tiltrekkende. De hadde jo lovet hverandre evig vennskap som ingen damer skulle kunne bryte.

Så mye betydde de løftene, så lenge skulle det vennskapet vare.

Så var altså radarparet historie. De som hadde opplevd så mye sammen.

Pervo sjekket kjøkkenet etter noe å spise. Som vanlig var det ribbet. Kun en pakke fiskepinner. På den måten sparte mora som knapt hadde penger til turer til Hellas. Der flørtet hun med sleske greske menn. Pervo lurte egentlig på hva hun så i dem?

Han satte på Per Bergersen og deppet litt:

> *«Ser du det lyser i taket?*
> *Tro om det lyser for deg?*
> *Billene kommer tilbake, nå får du hodet på snei.*
> *Venene svulmer i hjernen.*
> *Blodpropper tikker avsted.*
> *Snart er du fremme ved kjernen.*
> *Dette må gjøres noe med!»*

Deretter stakk han ut for å kjøpe seg en burger.

Porno ringte Anne titals ganger om dagen uten at han fikk noe kontakt. Til slutt ringte faren til Anne opp moren hans og sa at nå fikk det faen meg være stopp.

Porno var i harnisk. For ham hadde Anne vært en billett ut av det; ut av et dekadent liv på fylla to ganger i uka, alltid føle seg fyllesjuk. Alltid sugen på mer alkohol. Alltid desperat kåt etter damer. To tyvepakninger med sigaretter daglig, alltid en stygg hoste. Alltid noe slibrig og vilt.

100

Aldri fred, aldri ro, aldri kos eller kjærlighet.

Det var det han så i Anne, en vei mot et nytt og bedre liv. Han bestemte seg der og da at tiden som Porno var over. Nå var han bare Øystein igjen. Han skulle vise Anne at han var verdt det.

Så slutter han å drikke. Stumper røyken. Begyner å trene seks dager i uken. Han har trent tidligere også, men da kun styrke. Nå går han for fullt på kondisjonstrening også. Matveiene blir sunnere og på alle måter fremstår han som en stolt og sunnere Øystein.

Så er det å kvitte seg med samlingen sin: Den største pornosamlingen han hadde hørt om. Det meste av blader og filmer som fantes. Samlet med en diger porsjon kjærlighet og glede i adskillige år. Det er hardt, veldig hardt. Da alt er over, er det bare en stykk glad Øystein tilbake. Nå er han virkelig ingen Pornomann lenger.

Pervo fortsetter som før i sin sedvane stil. Han er noe lei seg over at Porno ikke er der, nå blir det jo ikke noe av tegneserien og filmen som de skulle lage. Han sjekker opp the lady with the big boobies et par ganger, men er alltid for full til å få napp. Heldigvis så finner han seg ofte ei jente som er like full som ham, som gir ham gleden av å våkne i fremmede senger og ikke huske noe som helst fra dagen før.

Tre måneder senere manner Øystein seg opp til å møte Anne. Han har på seg de beste klærne, sprayer på Bucheron. Han liker den eksklusive lukten og friskheten av sitron. Han ser rett og slett ut til å spise opp.

Anne kjenner ham nesten ikke igjen, er overveldet.

Øystein er sikker på at han har skutt gullegget. Men så går det likevel bare nedover. Anne ser ham langt inn i øya og sier:

– Du ser jævlig bra ut. Jævlig guts du har å komme hit nå.
– Jeg har endret meg.
– For sent.
– Ja, men, Anne, bare gi meg en sjanse så skal jeg vise deg.
– For sent.
– Har du en annen? Jeg lover at jeg er ti ganger bedre enn ham.

Anne ønsker ikke å snakke om det. Hun får et hardt drag i ansiktet og øynene hennes blir mørke, hun holder mot gråten. Ønsker å bli holdt av Øystein, men samtidig så vet hun at det aldri kan gå. Hun stotrer ut ordene, nesten stammer.

– Den gangen ... den gangen så kom jeg for å fortelle deg at jeg var ... gravid.

Det blir stille. Øystein hadde ikke regnet med dette. Tusenvis av impulser fyrer rundt i hodeskallen hans. Annes stemme blir hård og hes.

– Men jeg er ikke det nå lenger. Jeg ønsker aldri å se deg mer. ALDRI!

Øystein ser glimtet av hat i hennes øyne. Han går lutet derfra, mens nok et skrik runger i ørene sine: «ALDRI!» Hodet er bøyd rett inn i nærmeste pub og en deilig, forfriskende halvliter. Her kan han skylle ned starten på hva det nå er av følelser som er i ferd med å spire i ham.

Vi skal ikke gå nærmere inn i hva som skjer inne i Øysteins hjerne. Hvilket rot hans følelser er. Vi kan alle ane litt av hvor jævlig han hadde det – døren med lyset var lukket – nå er hans eneste trøst det gylne vannet brygget på solskinn og kjærlighet. Pornomannen inne i ham griper tak i ham. Før han vet ordet av det har han røykt en kartong sigaretter og havnet på tre dagers stupfyll.

Det står en gjeng med 15-årige smårollinger rundt to innvandrere som de hadde tenkt til å banke. Vanligvis vil ikke en gjeng smårollinger som dette være noe problem for to voksne karer, men det er så inni hampen mange av dem. Den eneste grunnen de har til å slå innvandrerne er ren rasisme. Man kan si at disse ungdommene ikke har mye godt for seg og verden ville vært et bedre sted uten dem.

Pervo raver full av faen rundt, blir tiltrukket av bråket og kommer dit bort. Han liker ikke holdningen til ungdommen og blander seg skrikende inn. Småguttene er fortsatt i overtall, men måten Pervo bærer seg ad skremmer dem. De blir usikre på seg selv, men er fortsatt aggressive.

Innvandrerne kjenner ikke hverandre. Den ene er kjent av Porno og Pervo som «hasjkongen» selv om de aldri hadde rørt eller sett noe hasj. De bare mistenkte ham for det, og det var begrunnelse nok for kallenavnet. Han andre er ukjent, men står der usikker med en pose i hånda. Plutselig slenger han posen opp i lufta og begynner og løpe. Handlingen kommer så overraskende at innvandreren klarer å slippe unna.

Halvparten av rasistene løper etter ham. Hasjkongen tar til seg posen og kikker. En annen kar kommer ravene full som en dupp. Det er Øystein – det er Porno. Han brekker seg og spyr – men er snart klar igjen.

– Hei, Porno, bra du kom, vi har en gjeng rasister her som prøver seg. Hva sier du om vi gir dem litt juling?
– Faen, jeg hater rasistjævler. Kom igjen, kompis – seems like I am back just in time.

Porno og Pervo begynner å slå småtampene. Det er ikke mye motstanden de gir før de løper avsted.

– Typisk rasist jævler, tøffe i munnen, men lite å fære med.
– Joda, men vi fikk jo gitt dem noen trøkkere, da. De kommer ikke til å prøve det der igjen med det første. De burde vite bedre enn å kødde med superheltene Porno og Pervo.
– He he.

De snur seg mot hasjkongen som har dratt opp en splitter ny telefon av posen.

– Nå har jeg fått gratis telefon, så nå er jeg fornøyd, sier han og forlater radarparet.

Pervo kikker kameratslig på sin beste venn Porno og sier

– Det var bra du kom tilbake, var litt ensomt på nattelivet uten deg.
– Kompis, det er her vi hører hjemme.
– Synd alt er stengt nå ...
– La oss stikke på 24-kiosken og få oss en pølsesnabb, inviterer noe jinter på nachspiel hjemme hos meg og har litt moro.
– Jes. Vet du hva jeg tenkte for filmene og tegneserien vår? Jo, nå skal jeg si deg. Du er jo Pornomannen så du har jo visse superkrefter – litt som Supermann.
– Ja, det er klart.

Porno tenkte samtidig at nå skulle han samle seg en ny pornosamling, større og bedre enn noen sinne.

– Det er bare at de er rettet mot porr så de virker kun hvis det er overvåkingskameraer i nærheten. Det er sånn at du kan stoppe opp tiden, f.eks. på shoppingsentre eller bensinstasjoner eller hvor som helst kameraer er satt opp. Så går du inn i en parallell virkelighet der personene rundt oss blir nakne, spesielt damene, da. Deretter deltar de i ville pornoscener.
– Det blir sånn at jeg ser ei med jævlig fin rumpe så bruker jeg kreftene og så er jeg rett på ha.
– Så spilles «Dance of the dream man», selvfølgelig.
– Da må vi danse sånn som dvergen, mon tro om jeg husker det riktig.

Så danser begge to som dvergen i Twin Peaks. Hele veien inn i kiosken. Der ser de «The lady with the big boobies» og de overtaler ha til å bli med dem hjem. De raver sammen oppover til Pornos residens med jenta imellom seg.

Plutselig får jenta andre tanker og trekker seg og sier hu vil hjem. Det er ingenting de klarer å gjøre for å få henne til å endre mening.

– Lurefitte, roper Porno til ha.
– Du veit faen ikke hva du går glipp av. Puppene dine bare ber om å få meg mellom seg, skriker Pervo videre.
– Skal vi stikke innom Runa og sjekk ut varene?
– Ja, vi har noe «unfinished business».

Så raver de videre oppover gaten mens de gauler på Jokke.

«... to fulle menn,
rider igjen ...»

«Man er sjelden så ensom, som når man konverserer med noen, men ingen hører på hva den andre har å si»

Det hendte noe underlig i dag. Jeg må tragisk nok innrømme at jeg ikke helt vet hva jeg skal si. Det var en gammel kjenning av meg, vi pleide å gå ut og spise en del sammen tidligere, mest i gjensidig mangel på kvinnelig følge enn noe annet. Han er mye eldre enn meg og fortsatt singel, men gjør det fortsatt bra på arbeidsmarkedet. Jeg hadde ikke sett ham på fem år, så jeg takket ja, selv om jeg egentlig ikke hadde nok penger til å betale for restaurantmat.

Han hadde tydeligvis et stort behov for å prate, han la ut i det vide og det brede om alt som hadde transpirert siden forrige gang. Han hadde nettopp kommet hjem etter at han hadde tjenestegjort tre år på ambassaden i Tyskland. Han fortalte om en underlig hendelse; en kveld han hadde vært på gallamiddag, to yngre jenter hadde tatt ham imot. Riktig staselig og pent kledde. De hadde i tur og orden gitt ham et godt håndtrykk for så i kor si: «Unnskyld, jeg har nettopp fingret meg.»

Denne snodige hendelsen, hadde satt dype spor i ham og han hadde aldri helt kommet over det. Han visste ikke om det var frekkhet eller om det rett og slett var at de ikke kunne språket hans.

Under samtalen prøvde jeg å finne på ting å si om mitt liv. Finne på noe like finurlig og interessant å fortelle om. Det var vanskeligere enn jeg hadde ant, som om jeg vadet i en grå grøt av slimete minner som klebet seg mot kraniet og ikke ville slippe taket. Det var som skylapper festet på hukommelsen. Likevel så var det som om vinen vi drakk og samtalen gjorde at små lysglimt ulmet fram fra hukommelsen.

Nå sitter jeg hjemme, alene i stillheten, i mørket, og tenker på det lille jeg klarer å huske. Minnene kommer over meg som veldige hyl. Det er ikke bare gjerninger, bilder, men også følelser. Jeg prøver å analysere tingene som hendte fra forskjellige synsvinkler, gjentatte ganger. Er jeg sikker på at jeg husker riktig? Var det virkelig sånn?

Det er sprøtt, men det virker som om hukommelsen avhenger av hvordan man innretter seg til den. Hvordan man stiller seg til det som hendte. Som om det er en masse av sin egen fortid man kan manipulere til å bli som man selv ønsker.

Jeg har aldri bedt om en subjektiv hukommelse. Jeg ønsker å vite ha som egentlig har hendt: sannheten. Derfor analyserer jeg hver lille husk gjennomgående og brutalt. Prøver og nærme meg mot der smerten gjemmer seg.

Jeg skjønner at det er selve lidelsen som står bak glemselen. All den elendighet som har vokst seg så uendelig stor at minnene rett og slett har blitt fortrengt. Jeg er sikker på at det finnes gode ting i mitt liv – de er bare skjult bak alle pinslene.

Er det dette som fører til demens? Parkinson? Er det en økende trend at menneskers liv blir så kompliserte og fylt av impulser og vanskeligheter at man bare stenger seg inne med årene og til slutt ender opp med å ikke huske noe som helst?

Kanskje er det. Hvilken oppgave har jeg da ikke tatt på meg å motarbeide dette? Å finne veien tilbake gjennom det som verker for å leve et bedre liv. Langt inne der et sted i min hjerne – bak analysen, blokkeringene, tunge skarpe steiner, mørke pytter, finnes det glede, jeg er sikker på det.

Det gjør vondt i lemmene mine, huet mitt er trøtt av all husken. Jeg slenger meg ned på sofaen for å se en film med Kenneth Johansen. Krim er kanskje ikke det mest interessante sånn med tenke på berikende historier, men det er et absolutt ufornuftig tidsfordriv. Dessuten synes jeg Kenneth Johansen er en av de bedre antiheltene. Og man slipper så meget sosialt drama som man ofte får i detektivserier i dag.

Del G
Kenneth Johansen
er i tvil

«Datamaskiner er skapt av mennesker i deres speilbilde, derfor kan de også lyve» – Jens Kåre

Dundrende, brølende var det noe som presset. Presset mot tinningene hans. Inne i ham. Alt var stummende mørke, men ikke trygt. Ganske kvalmt. Han bråreiste seg og spydde. Langsomt kom bevisstheten til ham der han stod krokrygget og lot stoffet renne ut av munnen sin.

Lys og omgivelser formet seg. Kenneth var i fyllearresten.

Riktignok hadde Kenneth drukket både det ene og det andre i livet sitt, men at han fylte seg seg så over sans og samling at han havnet hos purken, det var sjeldent. Han dro hånden bakover håret og lurte på hva som hadde skjedd. Han hadde skrubbsår og blod flere steder på kroppen, i trynet var det også mindre skader og blodkaker. Husket ikke mye i det hele tatt. Ingenting, faktisk.

Han humret. Prøvde å bryte veggen av glemsel for å luske inn i hukommelsen. En politimann kom inn og hentet ham med seg. Snart stod han sjuskete foran en farlig kjent person med latterlig overdimensjonert hentesveis. Kenneth måtte smile.

Harald Haraldsen. 36 år og udugelig. Han snudde seg mot Kenneth. Når han svingte på hodet, kunne en observant tilskuer skimte at øynene hans

111

skjelte litt.

– Fy faen, «Hårfagre», er det du som står for alt det her?
– At du har drukket deg full og driver med fantestreker må du nok ta skylden for selv.
– Å nei, en flaske whisky overfalt meg, helte seg ned i strupen min. Jeg kunne ikke noe for det, konstabel.

Han gjorde stemmen sin barnslig og krenket graden hans med vilje.

– Du skjønner kanskje ikke at i Norge så finnes det lover mot pøbler som deg. Tror nok vi tar fra deg privatdetektivlisensen, jeg.
– Blø meg i ræva. Du er jo i systemet av én grunn *only*, du brukte makta til faren din, uten den klarte du jo ikke engang å få deg laveste grad hos Securitas. Noe til lover ...

Harald gikk fram og ga Kenneth en på trynet, så hardt han kunne. Kenneth visste godt at han ikke kunne slå tilbake. Det var ikke akkurat oppløftende for dagsformen hans at blodet begynte å renne – om noe tregt.

– Drittsekk.
– He he, er vant til å bli kalt det.

Så gikk de igjennom formalitetene og Kenneth var i ferd med å forlate plassen da han fikk øye på en gammel kjenning: Jens Kåre «Nerde» Buvnes. Han hadde ikke sett snurten av fyren siden ungdomskolen. Nå ble han geleidet inn påført håndjern av en politibetjent.

– Hei, Jens, lenge siden sist.
– Kenneth, fy faen, du ser helt jævlig ut, skulle tro du hadde det verre enn meg.
– He, ja, det er sant og visst, det blir ikke noe bra fest uten knusing, vet du. Hvorfor er du bura inne?
– Jeg er uskyldig.
– Det sier de alle.
– Det er sant, jeg veit ikke hva som har skjedd. Jeg har drevet en del forskning for NDC og så plutselig sitter jeg opp til hit i anklager om industrispionasje.
– Men hvis du er uskyldig så slipper du nok unna.
– Nei, hjelper ikke. På en eller annen måte har de funnet bevis. De har

•gger som beviser at jeg har gjort ting. Ting som jeg ikke har ... Jeg
cjønner ingenting.

s Kåre falt nesten i gråt, men holder seg. Betjenten bryter inn og sier at
en skal snakke med fangene. Kenneth så på ham med et grinete ansikt og
ce som lyner, sier at han bare trenger noen får ord. Det får han.

eg er privatdetektiv, så hvis det er noe i det du sier, kan jeg sjekke det
op for deg.
an du det?
epp, men det koster gryn.
enger har jeg, men tviler på at du kan bevise at datalogger er falske. Det
ele er så merkelig. Tror du det er mulig at jeg har gjort det uten at jeg vet
et selv?
ope, selv psykopater vet hva de gjør – innerst inne.
anskje det er håp, da.
•k, jeg skal finne ut alt jeg kan om saken din, så ser vi hva det blir til.

isett hvor dårlig denne dagen hadde begynt var Kenneth glad for å ha en
skikkelig sak på bordet, han hadde ikke mange av dem. Samtidig kviet
_ seg for å gå inn til Harald igjen, men han måtte. Harald var tydeligvis
ert, men overleverte likevel noe av sakspapirene på Jens Kåre, sammen
i en streng advarsel om å ikke drite seg ut.

aneth tenkte ikke så mye på Haralds tomme trusler, men mer på å få seg
sigarett og en bjørnunge for å reparere.

nfor ventet Karianne på ham. Den nydelige og skjønne Karianne så
ymret og anklagende på ham. Hva slags drittsekk var han egentlig
1 ødela livet sitt på fylla når han var sammen med verdens beste jente?
orfor la han ikke bare opp livet som privatdetektiv og fyllik og inntok
ingen som hennes sjelesørger? *Faen ta ham selv.*

akk for at du henter meg.
r du ok? Hva har hendt?
ner ikke ...
. du har ikke drukket deg hensynsløst full og funnet på tullestreker,
enneth? Jeg mener det er ikke særlig bra. Jeg vil at mannen i mitt liv
cal passe litt på, ja, jeg krever det, faktisk.

Kenneth visste ikke hva han skulle si. Det gjorde vondt i hodet hans og han hadde ingen unnskyldninger på lager. Ingen vittigheter for situasjonen. Han snakket lite og forklarte at han trengte å komme seg hjem og hvile litt. Karianne ville ha ham hos seg, men Kenneth avfeide det og sa at han skulle komme innom i kveld. Sånn ble det.

Hjemme overlot han informasjonen om Jens Kåre til Åshild, ba henne sjekke opp alt hun kunne finne og ramlet sammen på sofaen. Han tok seg ikke engang tiden til en røyk og en dram.

Det var kalde, urolige drømmer som forfulgte ham. En hær av tyske bolere som kom mot ham og slo knyttneven i magen hans, så han måtte spy, spy, spy og spy – gang på gang.

Noe senere satt han i badekaret og pleiet sårene. Bruddstykker av hva som hadde skjedd natten før kom til ham som truende skyer; han hadde tatt seg noen pils som han pleide, så hadde Torstein, broren til Karianne, kommet bort til ham. Torstein var ikke akkurat godkompis med ham, men denne kvelden hadde han spandert runde etter runde med tequila og andre shots. De hadde også hivd i seg en del whisky.

Faktisk så mye at det hadde gått over styr. Da han var havnet i et stadie langt over dritings, hadde Torstein dratt ham ut med assistanse fra sine kompiser. I kulda hadde de gitt ham en durabelig omgang med god norsk kulturell juling og bedt ham å holde seg unna Karianne.

Faen òg! Det var forholdet mellom ham og Karianne fyren ville ødelegge. Kvinnen i hans liv. Så forbanna kjip denne broren kunne være. Men kanskje hadde han rett? Kenneth var jo ikke akkurat drømmemannen? En avdanka privatdetektiv som hadde hang til frossenpizza, frekke replikker og hellbillysveis.

Kenneth kjente håpløsheten stige mot ham. Han dukket under i badekaret, kavet seg opp igjen og hoppet ut. Mens han tørket seg, lurte han på om han skulle høre på Torstein eller ikke? *Hva ville Torstein finne på hvis han ikke hørte etter? Ville han være kapabel til å gå så langt som å ty til mord? Hvor var grensen?*

Åshild var Kenneths virtuelle sekretær. Hun bestod av en toppmoderne computer ulovlig importert fra Singapore og hadde egen hologramprojektor: hun satt i sofaen. Kledd i lett, rød kjole og med et supersexy smil så hun rett på ham. Det var en sekretær man kunne miste besinnelsen av.

– Ok, Åshild, la oss gå igjennom de dataene vi har.
– Hvis du ikke hadde vært sammen med Karianne, skulle jeg ha flerret av klærne dine her og nå.
– Ja, så kunne vi hatt heftig sex hele natten, humret Kenneth.

Det var ikke mye å si om saken. Kenneth skjønte fort at den eneste logiske vei videre var at han måtte innom NDC for å finne ut mer.

Det var endel ting som måtte ordnes først. Leiligheten var rotete som alltid. Riktignok var det ikke mye tid han tilbragte der etter han ble sammen med Karianne, men det egnet seg som kontor, vorspielplass og rom for generell oppsamling av pizzabokser og tomme flasker med Jack Daniels. Dessuten ville nok ikke Karianne godta at han tok med seg Åshild hvis han flyttet inn; han trengte jo en sekretær.

Kenneth fyrte opp den trofaste Escorten. Han fyrte opp CC Cowboys og rånet seg til bensinstasjonen. Han fortet seg inn og kjøpte en pakke rødmix og en sixpack Ringnes. Ikke overraskende var Birger der.

– Blir du med og råner i kveld?
– Veit ikke om jeg orker, har en helvetes hangover.
– Du ser ut som et vrak.
– Veit det, det er Torstein sitt verk.
– Hensott?
– Ja, han liker ikke at jeg er sammen med søstera hans.
– For en kødd, vil du at jeg fikser noen til å banke vettet ut av han?
– Nei, la det være ...
– He he, noen ganger er du svak, altså. Det ville jeg gjort. Banke skitten ut av han sånn at når han våkner så føler han seg aleine, sulten og kald.
– Ja, jeg skal si ifra. Si meg er det den første med CC Cowboys du hører på?
– Nei, den andre.
– Å faen, jeg spiller den første, jævlig fet skive – skikkelig norsk rock. Husker du Jens Kåre?
– Han skoleflinke?
– Ja.

– Joda, han var lynende intelligent, men på en annen side stokk dum.

– Han er bura inne for industrispionasje.

– Og du har fått saken?

– Ja.

– Ikke dårlig, ikke dårlig. Hvordan er det med bevisstillingen?

– Ganske håpløst, visstnok. Aner ikke hvordan jeg skal det gripe an. For all del så kan det jo være han er skyldig.

– Joda, men jobben din er jo å prøve å finne en vei å motbevise det, da, de som har det beste beviset vinner jo.

– Jeg er jo ikke akkurat advokat.

– Nei, men det er under researchet, der jobben din hører hjemme, at grunnlaget blir lagt.

Under samtalen rullet han seg fire sigaretter. Så hev han seg i Escorten igjen og belmet to øl mens han kjørte hjem. Vel hjemme fyrte han opp en frossen grandis mens han fortsatte ritualet med drekking og røyking. En time senere var han i noenlunde form, han rånet av sted til NDC.

Han har lest igjennom papirene på NDC, eller Nordic Digital Computing, at det er en av Nordens ledende datafirma innen spesialteknologi til industri. De leverer løsninger til hele Europa samt USA. Produktene de leverer er av så enestående karakterer at det finnes få eller ingen konkurrenter, noe som fører til at de kan ta skyhøye priser og lett slippe unna med det. NDC er rett og slett en gullgruve.

Kontorbygningen slo mot Kenneth som en kvalmende rap dagen derpå. Den var absolutt så stygg som det er mulig å gjøre en bygning. Arkitektene som har designet den må nærmest ha dødd av skam. Bokstavene NDC lyste gult og grønt mot en grell fasade i grått. Han stakk inn i resepsjonen og ble møtt av ei nydelig snelle på rundt 18 år.

Den som bare var ungdom igjen, tenker Kenneth.

Kenneth fortalte om sitt ærend og ungjenta tar noen telefoner før en halvelegant herre i dress og noe kjedelig slips kom ut og hentet ham. Samtalen deres var noe anstrengt, det var tydelig at de helst ønsker å få saken ut av verden så raskt som mulig. Det var forsåvidt helt naturlig, åpne anklager om industrispionasje er ikke akkurat det som gagner en bedrifts renommé.

– Er det i bevismaterialet hevet over enhver tvil at Jens Kåre er gjerningsmannen?

– Min kjære privatdetektiv, politiet har allerede vært her og dratt disse konklusjonene, ja.

– Men hva tror du? Har du selv sett bevisene?

– Jens Kåre er en av bedriftens dyktigste arbeidere, jeg ønsker av alt at han ikke er skyldig, men jeg har selv, sammen med bedriftens nest beste teknikere, den beste er jo under kniven så å si, gått igjennom alle bevis. Med vår kombinerte bakgrunn i IT-bransjen er det rett og slett umulig at han er uskyldig. Men for all del hvis du mot formodning kan klare det umulige og finne ut noe som motbeviser dette, har du min fulle støtte.

– Bra. Hvem drev han industrispionasje mot?

– Et italiensk firma som konkurrerer mot oss på enkelte av de produktene vi leverer. Det er faktisk sånn at bare siste året har de på uforklarlig vis begynt å vise litt muskler på markedet.

– Bra, kan jeg få gå over bevisene?

– Klart du kan, kanskje du har lyst på en rundtur hos oss først?

Kenneth ble vist rundt i NDC. Han ble positivt overrasket. Hva som var stygt utenpå var chique inni. Hvis han ikke hadde vært slik et personlig vrak, så kunne han tenkt seg å jobbe her. Han ble værende på NDC resten av dagen og gikk igjennom bevismaterialet. Det var alt annet enn oppløftende. Han angret nesten på at han hadde tatt saken. Hvordan skulle han klare dette, noe som var håpløst fra begynnelsen?

På kvelden reiste han til Karianne. Hun hadde ventet på ham. Middag var ferdig: en romantisk nydelig middag med levende lys og store doser enkel stemning.

Det var dog ikke den rette atmosfæren. Kenneth var usikker på det med Torstein og om han bare skulle trekke seg unna, eller om han i det hele tatt hadde andre muligheter. Karianne skjønte ikke hva som gikk av Kenneth og prøvde å forstå samtidig som hun var noe skuffet og frustrert over at han hadde havnet i fyllearresten.

– Hva er det med deg, Kenneth, du virker så fjern?

– Jeg er vel ikke fjern.

– Du glemmer jeg er jente og kan føle sånt, har du funnet deg en annen?

– Det er jo ingen andre enn deg, da.

117

– Åshild.

– Ja og Åshild, men hun teller ikke.

– Nei, det er sant. Men jeg ønsker at vi skal kunne være ærlige med hverandre og snakke åpent sammen om ting. Istedenfor havner du på skittfylla og baser inn i fyllearresten. Kan du ikke dele det som plager deg med meg?

– Nei, ikke nå.

– Når da?

– Vet ikke.

Den litt skurrende, urolige stemningen var med dem hele natten også. Neste dag dro Kenneth avsted tidlig. Han lot det være igjen en lapp på kjøkkenbordet «Blir sikkert sein i dag også, jobber på en kjip sak – Elsker deg – Kenneth.» Han dro hjem til seg og hadde et lite møte med Åshild i håp om at hun hadde klart å få tak i noe informasjon som kunne sette tingene i bedre perspektiv, men det var fantes ikke håp.

Intet som kunne hjelpe. Det var bare en ting å gjøre. Drekke seg full og glemme hele dritten.

Kenneth ringte Birger som pliktfullt kom og hentet ham. Birger drakk aldri selv så han var den perfekte sjåfør, bakdelen var jo det at han pleide å ta seg godt betalt for tjenestene, det var uansett billigere enn å ta taxi.

Snart var Kenneths sak druknet i glass etter glass med halvlitere på puben. Ting var så smått i ferd med å bli lysere, men som en hammer slo mørket mot ham igjen som en slegge: Plutselig så stod Torstein der i en tåke av fyllesyn.

– Sa jeg ikke at du skulle holde deg unna søsteren?

– Ja.

– Vi har nok sett at du har fortsatt med'a som før, du veit hva det betyr.

En liten jævel slår til inne i Kenneth.

– Hva er det du sier, mongofaen?

– Pass kjeften din, jeg er faen ikke mongo.

– He, Karianne er altfor bra ei dame til å ha en bror som er totalt staurmongolid, tru'kke du kan være en genuin del av familien, de sier det sikkert bare for å være snille mot deg.

118

– Din ... din ... faen.

Dette kunne bare ende i slåsskamp, men Torstein klarte å besinne seg i siste øyeblikk, hvis han begynte å slåss inne i puben så ville det ikke bli noe bra.

– Jeg venter på deg ute. Da får du juling som du aldri har fått før. Så sørger vi for at du blir så lemlestet at Karianne aldri vil se deg igjen.
– Tviler på at du klarer å gjøre meg styggere enn deg, jævla trøllape.

Kenneth satt igjen alene med ølglasset. Skulle han ringe Birger? Nei, hvis han fikk Torstein slått ville iallefall ikke Karianne ha noe mer med ham og gjøre. Han vurderte saken lenge. Bestilte noen tequilashots.

Utenfor ventet Torstein sammen med en kjempe av en mann med lyst, naziklippa hår.

– Hei, stor mann med liten pikk, du har vel ikke en bror som heter Bjørn?, spurte Kenneth.
– Hadde det, ja, kommer det i korte oppgulp fra kjempen.
– Ha ha, vet du at det var jeg som knærta ham? Og nå skal jeg knerte deg.

Kjempen skulle til å slå, men Kenneth var raskere, smatt ut til siden og ga et realt slag med tre fingre rett i nyrene til den digre bamsen.

Det hadde oppnådd en viss effekt, men han måtte ta imot et sinnssvakt hardt slag over nakken så han for framover og rett i bakken. Kenneth visste at hvis han ikke hoppet opp i en fei, var det slutt på ham. Han rullet seg rundt og unngikk akkurat et knusende tramp.

I samme bevegelsen som han reiser seg gir han motstanderen et kraftig spark i skinneleggen. Det høres et skrik, så slår Bjørns bror en gang til og alt svartner for ham.

Han våkner opp i hvite, trygge omgivelser. Det gjør vondt som pokker og selv om det er hvitt, deilig, harmonisk hvitt, klarer han nesten ikke å skjelne noen ting.

Hva har hendt? Hvor er han? Sykehuset? Torstein? Han lever iallefall. Hvor skadet er han?

119

– Ta det rolig kompis, du har bare noen småskader, du kommer deg raskt
over dette.

– Birger?

– Jes, bra jeg kom akkurat i tide til å få stoppa han dusten.

– Slo du helsa ut av Torstein?

– Nei, han kom seg unna, men vi skal ta ham, det lover jeg.

– Ikke gjør det.

– Hva? Etter at han har prøvd å denge deg helseløs to ganger, for ikke å
snakke om at han prøver å ta dama di fra deg.

– Kanskje han har rett, at Karianne fortjener noe bedre.

– Hvis hun hadde syntes det var noen bedre enn deg, hadde hu jo ikke
vært sammen med deg.

– Så sant, men uansett, hvis jeg har noe med at Torstein blir skada kommer
hun ikke til å ha noe mer med meg å gjøre. Du får ikke lov til å slå'n.

– Ok, ok ... men jeg synes han fortjener juling. Jeg kommer iallefall til å
gi ham en advarsel han sent glemmer.

– Det er ok.

De smiler til hverandre. Det er godt å ha kamerater, og man vet ikke alltid
i hvem man har dem. Birger bryter tausheten:

– Hvordan går det med saken din?

– Dårlig, bevisene er for sterke.

– Hmm, har du gitt opp?

– Naaah, veit ikke hva jeg skal gjøre. Tror ikke egentlig at Jens Kåre er
skyldig, men bevisene taler sitt språk. Kinkige greier.

– Et bevis er jo bare et bevis så lenge man tror på det.

– Hva mener du?

– Kredibiliteten til et bevis går på hvor mye respekt du, jeg, de legger
i det. Det er litt som med penger. Penger er jo bare papirlapper uten
egentlig egen verdi, men siden vi mer eller mindre godtar penger som
et bevis på en verdi så kan vi handle og selge med dem. Etterhvert
forsvinner papirene og bare blir nummer på en datamaskin. Men likevel
så er vi «enige» om verdien og kjøper og selger på grunnlag av dette.

– Hvor vil du hen med dette?

– La oss si at du gikk til sak mot Hårfagre fordi han slår deg hele tiden.

– Men det vil jo ikke gå.

– Hvorfor ikke?

– Fordi han er purk, han vinner garantert.

– Nettopp! I en sak hvor det er «ord mot ord» så vil den som har høyest kredibilitet vinne. Derfor har det som Hårfagre sier større verdi som bevis enn det du sier, selv om han lyver uhemmet ut av den stygge kjeften sin.

Kenneth kjente det banket i tinningen og at han egentlig ville sove, men Birger var inne på noe som kanskje kunne hjelpe ham videre. Han beit tennene sammen og fortsatte samtalen.

– Hmm, jeg begynner å skjønne hva du mener ... fortsett.
– Vel, hvis det du sa om NDC er riktig, så vil de helst ikke miste Jens Kåre.
– Ja.
– Da er sikkert det stedet å starte for å hoste opp noe motbevis.
– Hmm ... Det er ikke sikkert at de faktisk sier sannheten, alle fellende bevis kommer jo fra NDC, men det er ikke godt å si. Det er iallefall en vei videre. Du er faen ikke så dum, du, Birger. Kanskje du har lyst til å bli assistenten min?
– Hmm, jeg har jo mye å gjøre da. Mye råning å ta meg til – men så lenge det ikke går utover kjøringa så er jeg disponibel til din tjeneste. Men nå må jeg stikke og råne litt til.

Birger var glad inni seg. Veldig glad. Det var ikke ofte noen virkelig verdsatte ham. Folk synes han var rar og teit som drev og rånet rundt dag ut og dag inn, men Birger visste ikke bedre å ta seg til og så hadde han låst seg i sport. For å skjule gleden han følte, stakk han ut; han skulle bli Kenneths assistent – snuse i saker og løse mysterier. Det var virkelig noe!

Kenneth døset av, men våknet av en myk hånd som strøk ham over kinnet og opp til hodebunnen og tilbake. Det var Karianne. Hun var naturligvis bekymret. Riktignok hadde Kenneth hatt noen alvorlige fyllekuler mens de hadde vært sammen, men for det meste så var det jo bare uskyldig moro og aldri som dette. Hun følte seg litt urolig inni seg, hun var rimelig sikker på at noe var galt. Noe som Kenneth ikke ville fortelle.

– Jeg har savnet deg, sa Karianne.
– Og jeg deg.
– Hva er det som har hendt?
– Ikke noe.

– Klart det er noe, du ser jo ikke ut. Hvorfor vil du ikke fortelle det?

Selv om det hadde vært godt med inspirasjonen fra Birger for litt siden, var det som med ett at all sikkerhet i Kenneth ble blåst bort. Han var tung, trett og det gjorde vondt. Han visste at han ikke hadde noe å stille opp mot kjempen til Torstein bortsett fra drap. Han strittet inni seg, ville ikke si det, men turte ikke annet:

– Kanskje det er best at vi tar en pause?
– En hva?
– ... pause ...
– Vil du gjøre det slutt? Hva er dette for noe, Kenneth. Det er jo deg jeg vil ha. Men det er jo et eller annet gærent, men du vil ikke fortelle meg det.
– Du ville ikke likt det hvis jeg forteller sannheten.
– Jo – jeg vil.
– Nei.
– Jo ...

Kenneth visste at dette var et avgjørende øyeblikk. Fortalte han alt til Karianne nå så ville hun antagelig, som kvinner typisk gjør, slå retrett og egentlig ikke ha ønsket å vite noe som helst. På en annen side gjorde det ingenting lenger siden han hadde tapt uansett.

– Det er Torstein.
– Hva?
– Han vil ikke at vi skal være sammen.
– Du mener at Torstein slår deg helseløs? Akkurat som Torstein skulle ha gjort det.

Hun benektet alt. Ble opprørt. Men hun fortsatte med en blanding av gråt, fortvilelse og hysteri i stemmen:

– Hvorfor skulle Torstein ønske noe sånt, ikke minst slå deg? Det er det dummeste jeg har hørt. Nei, dette vil jeg ikke høre på. Mye sjofelt og teit har du gjort, men dette tar kaka. Fy faen, for en drittsekk du er!

Så var han alene igjen. Kenneth kjente en tåre presse seg på. *Endelig ble vel Torstein glad.*

Kenneth lå der fortapt.

Noen dager senere ble han skrevet ut som frisk. Han følte seg som alt annet, det var som kroppen nærmest vrengte seg. Han tok en taxi hjem, orket ikke ringe Birger. Vel hjemme slo han av Åshild og begynte å drikke whisky. Det finnes mye trøst i en flaske Jack Daniels.

Men ikke i dag.

I dag var det ikke noe trøst. Kenneth visste godt hva det betydde. Tilbake til et ensomt liv som taper, et liv i konstant fyll, med frossenpizza på menyen. Ikke nok med det, men ikke var han særlig god som privatdetektiv, han holdt på å feile saken sin og Birger, som bare var en forbanna rånefæen, var bedre enn ham til å løse saker.

Han var og ble en taper. Selvmedlidenhet. Han begynte å kaste halvtomme pizzaesker og glass rundt om i leiligheten. Det knustes og søles og det var generelt en dårlig ide. Et glass traff i veggen og spratt tilbake og rett på knappen til Åshild.

Åshilds hologram prosjekteres ut i stua, hun så på Kenneth og rotet hans. Heldigvis hadde hun plenty med sosial software og hun skjønte at her måtte det harde midler til. Hun brukte sofistikert kvinnelist, høy stemme og bestemt ansiktsuttrykk for å fange Kenneths oppmerksomhet. Langsomt fikk hun roet ham ned og tvunget i ham en halvliter vann, to kopper kaffe og sendt han til sengs.

Åshild kunne ikke rydde opp så det fikk Kenneth ta selv om morgenen. Men det var iallefall en slags ro.

Det er en fryktelig stank. Gamle pizzabiter, halvspiste lå og slang rundt omkring. Noen er i pizzaesker som også fløt rundt, men andre biter lå henslengt mellom knuste glass av whisky. Størknet whisky lå og fløt rundt omkring. Noen gamle pølsebiter ligger henslengt i et hjørne tilgriset med ketchup og sennep.

Noe som minner om oppkast ligger i et underlig mønster rundt omkring – vent litt – det er oppkast. Fy, nå skjønner man hvor stanken kommer fra. Midt oppi rotet ligger en ynkelig, bedrøvelig skikkelse.

Han er dekket i olabukse og olajakke som er hullete og utslitt, her og der er det rester av blod. Personen har en heller stygg hellbillysveis og det finnes ei heller mye annet tiltalende ved ham. Oppå ansiktet hans ligger en halvtom pakke med rød-mix nummer 3 og en halvferdig rullet røyk har klistret seg opp mot kinnskjegget.

Han kjenner dunket, hinnen, dunket, presset. Det er mørkt, alt er mørkt. Likevel presser det seg en forferdelig stank mot neseborene hans. Han kjenner det presser inne i skallen. Det er som om det er kniver i magen.

Han brekker seg, vrir seg, men ingenting vil komme ut. Bare litt slim og gørr. Sakte kommer synet til ham, men han skjønner ikke bæret av hva han ser. Hjernecellene er ikke aktive nok til å registrere og behandle alle data av inntrykkene han mottar.

Sakte, sakte så kjenner han seg igjen hjemme. Han ser rundt på rotet, ikke noe nytt for hans del. Han skulle bare ønske at spylukten ikke var der. Det kommer til å bli et griseri å rydde opp. Hvorfor lå han her i stua? Hva hadde skjedd? Hadde ikke Åshild kommandert ham i seng? Han hadde riktignok vært full, men ikke så til de grader?

Vel, da er det bare sånn at han husket feil. Åshild hadde ikke fått ham i seng – han hadde drukket seg fra alt av sans og samling; usannsynlig dritings og sloknet i sitt eget rot og spy. Det var jo forsåvidt ikke noe nytt, selv om det ikke hadde skjedd siden han ble sammen med Karianne. Men nå er det jo likevel slutt – så da var det jo på plass med litt rotfyll.

Han trekker nesten på smilebåndet, det drar i tinningen. Så ser han noe gustet og uklart foran seg som får ham til å rykke av frykt. Det er en rund oval melon. Nei, det er et ansikt, et hode, et menneske som ser på ham.

Torstein.

Hva gjør han her? Han har jo fått sitt. Er det ikke nok? Skal Torstein dra ham lenger ned i gjørma? Ikke faen. Ikke mer Torstein nå. Han er Kenneth Johansen, privatdetektiv. Han reiser seg opp. Setter seg i en vemmelig truende positur. Torstein rykker forskrekket tilbake.

– Din møkkpikk, har du ikke fått nok nå?
– Rolig, rolig.

– Ikke faen, Torstein, du er et slakt av et menneske. Jeg er Kenneth Johansen, privatdetektiv og du er et utpult ludder av en figur som nettopp har gjort ditt livs største tabbe.

– Rolig ...

– Du har frarøvet din søsters kjærlighet kun av egoistiske grunner, uten å ta hensyn til henne. Nå skal jeg behandle deg på de verste måter. Når jeg er ferdig med deg, kommer du til å føle deg, sulten, kald, jævlig alene og ikke minst du vil fysisk fremstå som det vraket du fortjener å være.

Kenneth langer etter Torstein og treffer ham så hardt at Torstein faller i gulvet.

– Kenneth, jeg er en venn av Jens Kåre.

– Hva?

– Ja, jeg hørte hva du gjorde, jeg tok feil av deg.

– Hva?

Kenneth skjønner ikke riktig. Han hadde jo feilet. Han hadde ikke klart å redde Jens Kåre. Og hvorfor skulle Torstein og Jens Kåre være venner? Hva var det som skjer her?

– Du burde visst at du tok feil tidligere, man driver da bare ikke og slår ned folk.

– Ja, jeg burde det, beklager. Jeg har fortalt alt til Karianne.

Det går i døren og Jens Kåre kommer inn. Han brekker seg overrasket av stanken. Forsikrer seg om at status quo er ok, finner fram vaskesaker og begynner å vaske. Torstein og Kenneth hjelper til.

– Takk skal du ha, Kenneth, men hvordan gjorde du det, sier Jens Kåre.

– Jeg skal fortelle deg etterpå når Torstein har gått, sier Kenneth.

– Du kan jo si det, da, jeg er jo godkompis med Jens Kåre, sier Torstein.

Det demrer ting fra gårsdagen i hodet på Kenneth. Han hadde faktisk glemt en hel dag av hendelser; nå var de på vei tilbake; han fortalte historien i det samme øyeblikk som minnene demret for ham:

– Ja, det er ok, Kenneth, han kan få høre på, sier Jens Kåre.

– Ok, det var Birger som fikk meg på ideen. Bevisføring gjelder nemlig å fremvise det beviset som er mest tungtveiende. I denne saken så var bevisføringen omtrent umulig fordi bevisene som datalogger og lignende talte et sikkert språk. Her dreide det seg altså om å finne svakheten i materialet, sier Kenneth.

– Hmm, jeg lurer på hvordan denne historien kommer til å gå, sier Torstein.

– Hold kjeft, Torstein, og la Kenneth fortelle.

– Jeg liker holdninga di, Jens Kåre. Styrken i bevismaterialet er at de viser hvem som har gjort hvilke handlinger eksakt til hvilken tid. Svakheten er sådan: Hva om tiden som vises er feil og hva om autentiseringen av hvem som har gjort det ikke er riktig?

– Joda, men det finnes jo ingen grunnlagsdata som sier at så kan være tilfelle.

– Nei, systemene hos NDC er omtrent perfekte, det ville vært umulig å endre dette.

– Ingenting er umulig, men dere har rett. Det finnes ingen bevis på at så er tilfelle, derfor trengte jeg å fabrikkere noen.

– Du mener du jukset?

– Det er jo ikke lov.

– Det er sant. Men jeg tenkte over dette lenge. Jeg aner jo ikke om du egentlig er skyldig eller ikke så jeg dro tilbake til NDC for å snakke mer med folkene der. Så var jeg hjemme hos deg og lette etter beviser der.

– Er ikke det vel frekt?

– Du må unnskylde alt rotet der.

– Du er unnskyldt. Og frekt er det – frekt som faen, men det er sånn vi privatdetektiver vinner saker. Jeg følte inderlig sterkt på meg at Jens Kåre var uskyldig, at noen, kanskje det italienske, konkurrerende firmaet, hadde fabrikkert bevisene mot ham, gjort ham til offer for å skjule egen synd. Jeg visste at jeg ikke hadde muligheten til å finne ut hvem og på langt nær bevise dette. Jeg snakket igjen med NDC og diskuterte mulighetene til å «produsere» motbevis.

– Ikke dumt.

– Ganske smart.

– Så ringte jeg min kjære venn Fabio i det italienske Carabineri og ba ham produsere matchende bevis. Når dette var gjort var det bare å råne seg en tur i Eskorten mens jeg hørte på Jokkes «Suksess», drakk en Carlsberg og rullet meg en av det siste oppsopet i rød-mix-pakka.

– Det er sånne ting som jeg ikke liker med deg.

– Nei, det synes jeg også er noe unødvendig.

– En seier koster. Man må være godt forberedt. Så stakk jeg innom politistasjonen og presenterte «bevisene» direkte til påtalemyndigheten. De ble så hodestups lange i maska og droppet tiltale på alle punkter. Det var mer enn jeg kunne ha håpet på.

– Det var etter dette at du slo til Harald Haraldsen?

Kenneth ser på den høyre knoken sin. Han har blod fra Torstein der, men det er også noe annet blod, størknet. Kenneth smiler.

– Fy faen, slo du ham?

– Ja, jeg følte meg så ovenpå at jeg tenkte det var på tide å få gitt «Hårfagre» tilbake for alle de gangene han har gitt meg en punch.

– Men særlig lurt var det ikke.

– Nei, da havner jo du i kasjotten istedenfor meg.

– Ja, kanskje, men det betydde likevel ikke så mye nå som jeg ikke lenger var sammen med Karianne. Så dro jeg hjem og drakk meg ut av vett og samling.

– Ta det rolig, hvis Haraldsen finner på noe skal jeg sørge for at det ikke varer lenge.

Det går atter i døren og det er Karianne som suser inn. Hun løper inn i armene til Kenneth. Etter noe heftig klemming ser hun ser rundt i rommet. Det er uventet rent der. Guttene har vært flinke til å vaske og rydde.

– Jeg tror aldri jeg har sett kåken din så ryddig noen gang, sier Karianne.

– Nei, en gang må være den første.

Så ler de alle fire.

«*Det er* nesten *som magi*»

I det siste har ting på en måte gått bedre med meg. Riktignok er det tunge dager med mye slit. Men jeg har funnet meg flere måter å få ting bedre på. Jeg har gått til utallige behandlinger: kiropraktor, fysioterapi, akupunktur og så healing og kinesiologi. Har så smått begynt å trene. Jeg har byttet ut de smertestillende tablettene med vitaminer. Jeg har kastet røyken på hylla. Jeg drikker fortsatt noe, men prøver å holde det på et lavt nivå.

Jeg merker at dagene ikke er fylt så mye av mørke og negativitet lenger. At det onde kanskje er i ferd med å miste taket. At kanskje jeg får en ny sjanse hos lyset. En ny sjanse til å leve et verdig liv.

Så blir jeg involvert med ei jinte og vi holder sammen litt – koser oss og nyter livet. Men om natten kommer marerittene. Jeg kjenner at ondskapen er der ennå. Den omslynger meg. Ønsker på ingen måte å la meg få nyte noe kjærlighet. Bare dra meg ned i mørket – det bunnløse mørket.

Noen ganger er det så ille at jeg skjelver så meget at jeg går og legger meg på gjesterommet. Uansett hvor dårlig jeg er så passer jeg møysommelig på at jenta ikke skal dras ned i mørket med meg.

Hun skjønner ikke hva det er som skjer, i svake, eventuelt sterke, øyeblikk prøver jeg å meddele henne det. Det er håpløst, hun er ute av stand til å forstå. Kanskje fatter jeg det ikke selv.

Det går som det må gå og hun forlater meg; jeg krasjer igjen. Ryggen kramper seg sammen og jeg sitter fast. Klarer ikke å røre meg.

Alt er svart og smerte. Ikke faen om jeg skal få lov til å kjempe meg til et verdig liv. Jeg skal bare ligge her og lide.

I tre dager ligger jeg sånn.

Del H

Månegudinnen

«Vi skal leve lenger enn selve evigheten» – Dirave

Dronning Livane ser utover knausen. Utover horisonten. Hun føler seg majestetisk og levende. Hun kjenner vinden som river og rasker i pelsen. Det er herlig å leve.

I noen øyeblikk glemmer hun problemene som bekymrer henne. Hun glemmer at hun er bekymret for sin eldste levde datter, Melusine. Hun er snart så gammel at hun trenger å velge make. Det er et viktig valg som krever mye kløkt fordi det dreier seg om framtiden til flokken.

Hun glemmer at hun føler seg gammel og utslitt og at hun vet at hennes tid på slettene snart er over. Hun vet også at hennes mann, kong Pleudas, kommer til å gå samme vei. Det er viktig å legge planer nå. Sånn at skjebnen til flokken blir best.

Det første valget som alle forventer seg er at Melusine velger Idieran. Han er den tøffeste av ynglingene. Ubeseiret i kamp og selv mange av de eldre slåsskjempene respekterer ham, ja, kanskje til og med frykter ham. Han duger nok til å bli en bra konge.

Det er likevel ikke sikkert at han er det beste valget. Kanskje kan en kongetittel gå til hodet på Idieran og det er ikke bra. En mann er tross alt en mann og må vike sin plass for kvinnen. Hvis han glemmer det, kan det bli dårlige tider. Samt trenger flokken snart en ny stridsleder og da er det jo ingen som er dyktigere enn Idieran.

Så er det Tervall. Han er er Idierans største konkurrent. Han er nesten lik dyktig, men har aldri nådd helt opp. Hvorfor skulle man velge noen som ikke er best? Strategisk kunne det kanskje være riktig med Tervall som konge og Idieran som stridsleder. Det måtte iallefall tenkes nøye igjennom

Det er heller ikke mye som taler til Jardis' fordel. Ikke kunne han måle seg på noe område som Tervall og Idieran. Men han har et ess, han var der kjekkeste ulven i flokken. Det kunne være et godt tegn. En konge skal jo kunne skinne av majestet. Det kunne hende at Jardis hadde mye krefter kroppen som ennå ikke hadde utviklet seg, mye potensial med andre ord.

Livane irriterer seg også over at det var Melusine som skulle bli dronning Melusine passer ikke som dronning. Hun besitter ikke den autoritet som trengs. Istedenfor har hun lusket rundt heksa Kiri mesteparten av sin barndom og lært seg masse om urter og hekseri. Det er jo Juni som skal ta over for Kiri, men Juni er egentlig et mye bedre dronningemne enn Melusine; sterk vakker og med jernvilje.

Hun er sørgmodig over at hun må gi fra seg livet. Hun misunner Melusines ungdom, hvis hun kunne, ville hun tatt den selv. Hun kjenner knapt sine døtre, hun har brydd seg lite om dem.

Hun har levd et liv ruset på den makten hennes posisjon har gitt henne men hun syntes tiden hun hadde fått var så altfor kort. Hun hadde ventet så lenge, så lenge på at hennes foreldre skulle dø ut sånn at hun kunne få sin rettmessige plass. Det kunne da ikke være meningen at hun måtte gi den fra seg allerede? Hun bryr seg ikke om Melusines beste, men bare på hvordan makten kan opprettholdes.

Hun ser opp mot månen, det er tre dager siden den var ny. Hun setter seg på bakbena og uler en bønn til Månegudinnen. En bønn om fornyet ungdom hun får ikke noe svar.

Månegudinnen har vært taus siden hun var liten. Hun har for det meste glemt gudinnen og styrt etter eget beste. Men i natt så ønsker hun mer enn noen sinne å få kontakt.

Pieudas har ikke spist på fem dager. Han kjente sulten rive i seg. I morgen må han ha mat – det var ikke et ønske – det var en kjensgjerning. Han va gretten og hørte overrasket sin kone ule. Hva er det som gikk av Livane om dagen? Før i tiden pleide hun alltid å dele sine sorger og avgjørelser med ham. Riktignok var han bare en mann og måtte vise seg underdanig kvinnen, men samtidig så var han jo kongen og Livane hadde alltid satt pris på hans råd.

Nå hadde hun fryst ham ut av alt som skjedde. Det eneste de hadde igjen var elskoven, men den var heller ikke som før. Hun var kaldere, røffere nå. Det var mer sex enn kjærlighet. Ikke det at det gjorde Pieudas så mye, han var jo mann så han var fornøyd bare han fikk sitt.

Han blir overrasket over at Idieran kommer bort til ham. Idieran hilser sånn det egner seg når man snakker med en majestet, før han går rett på sak.

– Jeg vil ha Melusine til min fru.
– Hva?
– Du hørte riktig.
– Du er ikke sann, Idieran, vet du ikke at du er mann og ikke på noen som helst måte kan komme med sånne krav?
– Jeg vil ha Melusine som min fru, jeg vil ta over etter deg som konge. Sånn er det. Alle vet jo at jeg er den sterkeste ulven i Månesekten. Jeg fortjener rett og slett din plass.
– Joda, du har rett i dette. Men det er ikke din avgjørelse å ta.
– Kanskje ikke, men jeg ønsker at du skal hjelpe meg i å påvirke prosessen i min retning. Hva skulle skje med flokken hvis en lømmel som Tervall skulle bli konge?
– Tervall er ingen lømmel. Han er nesten like dyktig som deg.
– Tullball, Tervall er ikke i nærheten av meg engang.
– Men hvorfor, Idieran, skulle jeg være villig til å hjelpe deg?
– Fordi jeg vet.
– Hva da?
– Jeg vet om alle dine sidesprang, det egner seg dårlig for en konge.
– Sidesprang? Hva mener du?
– Ikke spill tosk. Jeg vet godt at du har hatt deg litt rundt av omtrent alle hunnene her. Hvis det kom ut ville det ikke stille deg i godt lys. Bortsett fra en og annen tante så dreier det seg jo for det meste om dine søstre. Du ville blitt ofret rett til Månegudinnen og flådd levende av resten av flokken.
– Nå nå, ikke ta så på vei, Idieran. Jeg er sikker på at vi kan komme til

en overensstemmelse.

– Ja, det er jeg også. Gi meg Melusine og du vil gå fri.

– Jeg skal se hva jeg kan gjøre.

Idieran forlot like raskt som han hadde kommet. Pieudas hørte nok en gang sine kone ule. Den tosken Idieran som konge. Han likte ikke tanken, han likte ikke hele fyren. Forbasket at han skulle vite så mye. Hvordan skulle han overbevise Livane nå? Det burde forsåvidt ikke være så vanskelig, da Idieran var et naturlig valg. Han fikk ta turen opp på toppen av knausen for å og høre hva hun tenkte om saken.

Han strekte på labbene sine og begynte å tusle oppover.

Kiri så omtenksomt på Melusine der hun satt og slikket potene. Hun visste at det var på tide å fortelle henne, men var usikker på hvordan hun skulle grip det an. Melusine fikk ferten av henne, så opp mot henne.

Det var Kiri, hun som visste så meget om hvordan vekstene virket, om magi, om gamle skrifter og lukter. Kiri måtte være flokkens klokeste ulv, på tross av dette nøt hun aldri mye respekt. Kiri var alltid der når noen trengte noe, omtenksom og hjelpsom. Når alle hadde det bra fikk hun ingenting. Siden Kiri aldri var med på jakt, måtte hun alltid klare seg med restene når det ble servert måltider.

Hun som var heksa som kunne mer om liv og død en noen andre, hun måtte klare seg med den siste rett. Hun var lavest av rang. Det var mye rart Melusine ikke forstod med flokken. Hvorfor ting var som de var, hvorfor alt var så strengt? Hvorfor hun skulle bli dronning og bli lesset på en mengde plikter istedenfor å kunne nyte et gledelig liv. Skulle ikke en dronning få lov til å føle lykke?

Hun så hengivent opp mot Kiri, men merket at det var noe rart. Men hun skjønte ikke hva.

– Kiri, du, Kiri, hva er feil?

– Du er nesten voksen nå, Melu, snart får du din første løpetid.

Melu var Kiris kallenavn på Melusine. Kiri var motstander av alle navn lenger enn fire bokstaver. Det var som følge av et mindreverdighetskompleks hun hadde siden hun sammen med Juni var innehaver av de korteste navnene i flokken.

– Hva?

– Som du og alle vet så er det kun kongen og dronningen som har lov til å formere seg i Månesekten. Derfor pleier de fleste hunner å dra på ensom jakt når de har løpetid. Skulle noen andre i flokken enn herskerne bli tatt for seksuell omgang, så ville det føre til dyp nedverdigelse i flokken og ofte til utkastelse og ensomhet. Hele flokken er tross alt familie og det er kun dronningen og kongen som oppheves av Månegudinnen til å elske og avle gudenes avkom. Alt annet er å anse som innavl. Å være ensom på slettene mot den fryktede Solsekten og Jamboo-monsterene er ikke noe å trakte etter.

– Jeg kommer ikke til å ligge med noen, det kan du være sikker på.

– Det er lett å si, du som aldri har opplevd kjønnsdriften i deg. Når den kommer, fyller den hele deg og ditt vesen – du bryr deg ikke om noe annet en sex – du er blottet for all fornuft om med hvem og hvor.

– Så derfor drar man på ensom jakt? Men hva med Solsekten og Jamboo-monsterene?

Melusine kjente at hårene reiste seg på hammen når hun tenkte på den ekle Solsekten. Hun visste godt at de var hensynsløse barbarer, de tilba ikke engang Månegudinnen. Man kunne ikke forestille seg hva de ville gjøre med en, hvis man var så uheldig at de fikk tak i en.

Så reiste hårene seg enda mer når hun tenkte på Jamboo-monsterene og deres fryktelige svarte magi. Hun glemte seg selv i et lite øyeblikk og kom med to korte, ynkelige ynk.

– Ja, man må bare ta sjansen på at man ikke blir tatt.

– Skummelt, hva skjer hvis man likevel ender opp med å ha sex med noen?

– Jeg har botemiddel mot det meste, også dette, så lenge ingen andre får vite om det.

Av alle i flokken var det Kiri hun kjente medlidenhet med. Hun var simpelthen den klokeste og mest omtenksomme av alle. Hun tok snuten sin og lot den gå omtenksomt over manen hennes, slikket kjærlig her og der.

– Du er klok, du, Kiri, du burde ha vært dronning.

Kiri fnyste.

– Det er en for å herske og meg for å bøte.

Pieudas så på sin kone, dronningen, hun som var herskeren over den fantastiske, stolte Månesekten. Hun lå utmattet, utslått ved kanten av stupet. Der hun lå var hun like sårbar som en liten ulvevalp. Pieudas kjente et stikk av omtanke for henne, satte seg på huk og begynte å slikke henne.

Hun våknet. Ristet ham av seg. Reiste seg og fnyste til ham.

– Hva er det du driver med, konge? Vet du ikke at det er kun dronningen og dem hun befaler som har lov til å ferdes her oppe? Vil du påkalle deg Månegudinnens vrede?

Pieudas skjønte at han hadde vært dum, han hadde trodd på at det fortsatt fantes noe stakkarslig igjen i denne kvinnen. Dronningtittelen hadde gått henne til hodet. Det var ingenting av den fagre Levane som han hadde falt for. Han kunne like gjerne ha dyttet henne ned skrenten nå som han hadde sjansen så var han kvitt problemet. Nei, forresten, da hadde de vel ofret ham sammen med henne? Var det ikke sånn skikken var? Han grøsset inne i seg. Han samlet seg sammen, knelte for sin dronning.

– Jeg beklager, min kjære Levane ...
– Din lømmel. Du skal titulere meg med Deres Majestet Dronningen.
– Jeg beklager så meget, Deres Majestet Dronningen.
– Og hva er det som har dratt deg hit?
– Jeg var bekymret for Deres Majestet Dronningen.
– Jeg er Månegudinnens utvalgte! Jeg styrer sekten med krefter direkte fra gudinnen. Hvordan kan du være så tåpelig og være bekymret for meg?

Det var riktig. Han hadde aldri hørt henne tale så blindet for fornuft før. Makten hadde beruset henne vekk fra virkeligheten. Nå gjaldt det å finne de riktige ordene.

– Jeg beklager, Deres Majestet Dronningen. Det er andre ting som bekymrer meg også ...

– Og hva er det, om jeg tør spørre?

– Hvem skal vi gifte Melusine til?

– Ha, din tåpe, du er jo bare mann. Du vet ikke det spor om hva som er det beste for den kommende dronningen. Dine bekymringer er latterlige.

– Jeg mener nå at Melusine fortjener den sterkeste og flotteste ulvene i flokken: Idieran.

– Hold kjeft på deg, din underdanige vanskapning. Det er opp til meg å avgjøre dette, om det skal være Idieran eller ikke. Stikk nå snuten din dit pepperen gror. Jeg vil ikke se deg igjen før jeg selv befaler det.

Pieudas var fortvilet, men visste bedre enn å vise det. Han snudde seg rundt og løp med halen mellom bena. Levane undret seg: Hadde Pieudas funnet henne helt utslått der hun lå? Hadde Månegudinnen vist seg for henne? Eller var hun fortsatt alene?

Hvorfor var det så viktig for Pieudas at Idieran ble den neste kongen? Var det noen form for konspirasjon på gang mellom dem? Brygget det en eller annen pervers plan mellom dem? Hvorfor skulle hennes slitte mann i det hele tatt bry seg, han visste jo at han måtte ofres samme dag som hun gikk av tronen eller døde, eller?

Levane var litt bekymret, hun hadde nemlig begynt å jobbe på sin egen plan. Det var viktig at Pieudas og lømmelen Idieran ikke fant på noe som ødela hennes plan.

Jardis satt ved elven og betraktet vannet som sildret nedover med strømmen. Han kjente den deilige brisen av sin kjære slå mot seg. Han smilte, visste at Juni var nær. Ikke lenge etterpå kjente han hennes kjærlige mane stryke mot ryggen hans.

– Det skal bli godt når vi blir store nok til å elske hverandre på ekte.

– Ja, kjære, jeg venter også på den dagen. Men vi må være forsiktige, ingen må få vite noe.

– Det skal vi.

– Jeg har tenkt endel mens jeg har stått her og betraktet vannet. Vannet har ingen bekymringer, det bare renner og renner fra elvebredd til elvebredd. Sånn vil jeg leve.

– Hva mener du?

– Vi vet begge at framtiden for oss ikke er særlig lys.

– Ja.

– Jeg kommer til å bli stridslederens løpegutt. Det er ingen hemmelighet at stridslederen kommer til å bli Tervall og at han kommer til å gi meg de verste oppgaver, slite meg ut, sulte meg sånn at jeg kommer til å reduseres til en ynkelig, liten gråulv.

– Ja, og jeg som burde være dronningen er destinert til å bli flokkens heks. Heks! Tenk deg det, det vil ikke gå lenge før jeg er en nedverdiget og utmattet liten ulv som ingen bryr seg om, men alle maser på hele tiden, for å få trøst og støtte.

– Derfor har jeg tenkt at vannet aldri har det sånn, det bare reiser bekymringsfritt videre.

– Du vil rømme?

– Ja.

– Jeg også.

Levane skulle til å tusle ned fra knausen da hun med glede fikk se en gruppe ulver med Tervall i spissen kom løpende mot campen, de hadde gjort storfangst.

Det ble fest i flokken. Ulvene samlet seg. De sang, ulte og danset. De priste Tervall og hans jegeregenskaper. Maten ble spist i tur etter rang. Pieduas var mektig sulten så han glafset grådig i seg. Det gjorde godt i en utslitt ulvekropp.

Da festen var over, og ulvene sovnet mette og gode kom Kiri tuslende, som en tyv i mørket, sulten som hun var. Det var som vanlig bare enkelte småappetittlige rester igjen.

Melusine kjente smerte i hele kroppen. Hun åpnet øynene og så over kroppen sin. Hva var det som gjorde så vondt? Hadde hun festet for mye i går? Nei, dette var noe annet, det verket og ulmet i kroppen som aldri før. Hva kunne det være?

Hun reiste seg. Hun kjente hver muskel i kroppen stritte og smerte når hun rørte på seg. Hun tuslet seg bort til der Kiri holdt til.

– Jeg kan ser det på deg, du er i ferd med å få løpetiden. Det er liten tid å miste. Jeg skal lære deg noen løyper som er langt borte herfra så er du sikker på at ingen menn skal få ferten av deg.

– Er dette løpetid? Det kjennes mer som helvete.

– Ja, sånn begynner det, og om ikke lenge kommer du til å bli så kåt at du ikke vet forskjellen på opp og ned. Da bør du allerede være langt borte herfra.

– Jeg har med meg et fint kjøttstykke til deg fra gårsdagen.

Melusine viste fram et nydelig og fint kjøttstykke. Kiri var så glad i Melusine for hun tok alltid så godt vare på henne. Den eneste som gjorde noe for henne, faktisk.

– Tusen takk, Melu. Det var snilt. Nå skal jeg lære deg rutene.

Tervall og Idieran møttes ikke langt fra der Juni og Jardis hadde planlagt å rømme tidligere. De snerret mot hverandre. Øynene lynte.

– Du tror du er helten nå som har skaffet mat til flokken.
– Vel, det er mer enn hva du har klart, når var det siste gangen du ga flokken mat?
– Ha ha, jeg er større enn deg, Tervall-mann, det har jeg alltid vært. Mens du lusker rundt og jager, får jeg meg et langt større bytte, som vanlig.
– Er det Melusine du snakker om? Kongetittelen? Vet du ikke at du alltid har vært den sterkeste og beste i flokken.
– Akkurat, jeg er deg overlegen på alle måter?
– Hvorfor tror du gamle Yniteri er stridsmester og ikke konge? Yniteri vil jo slå Pieudas i kamp når som helst ...
– Hva mener du?
– Den sterkeste ulven blir alltid stridsleder. Mens andreplassen går til meg, jeg blir konge. Merk mine ord, ditt dumme drog. Mens du har brisket deg i solen av alle dine triumfer har jeg rolig lagt meg hakket under deg hele tiden og brukt tid og krefter på å etablere flokkens sympati og vennskap. Et vennskap som vil gi goodwill som konge og enehersker lenge.

Idieran kjente han ble nummen inni seg. Det Tervall snerret mot ham var sant. Altfor sant, og ikke minst, veldig smart. Hvorfor hadde han ikke skjønt det tidligere? Her var det ikke mye tid å miste.

– Enehersker?
– Tror du virkelig at Melusine klarer å holde styr på meg? Melusine er altfor snill til å være noen ekte dronning i annet enn navnet.
– Din ondskapsfulle tølper!

Idieran glefset mot Tervall i sinne. Tervall glefset tilbake. Så forlot de hverandre. Tiden var ikke inne for det endelige oppgjør mellom dem.

Levane trasket ned til stedet til Kiri. Hun hadde mye på hjertet. Hun ville vite om det gamle sagnet var sant. Det var første gangen Levane hadde snakket med Kiri etter at hun ble kronet.

– Kiri, jeg trenger ditt råd.
– Hmm, dronningen trenger råd, skjønner jeg.
– Ja, jeg lurer på om sagnet om ungdommelig fornyelse er sant. At vår forhenværende mor, Jourin, fant et ritual som gjorde at hun aldri ble gammel.
– Leva, du tenker vel ikke på?
– Jo.
– Det er fryktelig farlig. Du må ofre en av dine døtre mens hun ennå er jomfru til Månegudinnen under nymåneseremonien.
– Det er altså mulig?
– Ja, men ingen har gjort det etter at det gikk feil for Jourin den tredje gangen hun utførte det. Det er et krevende og vanskelig ritual du må igjennom, ingen kan garantere suksess.
– Hva skjer hvis man feiler?
– Da dør man.
– Dø skal jeg likevel. Jeg vil ofre Melusine.

Kiri kjente tristhet i seg. Melusine var det vakreste flokken hadde. Skulle hun hjelpe dronningen med å slakte sin eneste venn? Ordene «en for å herske og en for å bøte» rumlet inni henne.

– Er du sikker på at du vil ofre en så vakker datter?
– Klart det. Alle må ofre litt til gudinnen. Jeg ofrer min datter.

Pieudas ble vekket av Idierans heslige ånde som pustet mot ham.

– Våkn opp, ditt drog.
– Hvordan våger du?
– Så så, kongeulv, glem ikke at jeg har informasjon om deg som du sårt vil holde hemmelig.
– Hva vil du?
– Melusine, selvfølgelig. Jeg tror hun har forlatt campen for å jakte ensomt. Hun har nok sin første løpetid. Jeg akter å finne henne og

nedlegge henne som den kvinnen hun er.
– Du kommer aldri langt hvis du ikke ærer kvinnen som det høyeste!
– Hah! Se på deg, ditt drog, du er jo bare konge i navnet, i realiteten er det jo Levane som styrer og herjer.
– Som en dronning bør. Mens jeg lever gode dager og blir alltid nummer to på matfatet selv om jeg aldri trenger å lee en finger.
– Jeg skal bli den første.
– Tåpe er du.
– Jeg drar nå og finner Melusine. Din jobb er å passe på at vi får giftet oss så snart vi er tilbake. Nå lær meg rutene som jentene pleier å ferdes alene.
– Jeg håper du feiler i jakten.
– Jeg feiler aldri, husk det, gamlefar.

Da Idieran var gått kunne ikke Pieudas sove lenger. Levane kom tilbake fra Kiri. Oppslukt i sine egne tanker.

– Hva tenker du på?
– Ikke noe som raker deg.
– Jeg har tenkt endel.
– Jeg har jo bedt deg om å holde deg unna.
– Jo, men jeg tror du trenger å høre dette.
– Skyt i vei, da, men hvis dette er mer vås en forrige gang så lover jeg at du får angre.
– Melusine har sin første løpetid og har forlatt leiren. Idieran har fulgt etter for å lure seg til en omgang.
– Hva?

Levane kjente et stikk av nervøsitet i seg. Hvis Idieran lyktes så ville hun ikke lenger kunne ofre Melusine. Det måtte ikke skje. Men hun visste selv at Idieran var av de som lyktes med det meste, og en kåt Melusine ville ikke akkurat være vanskelig å nedlegge.

– Du hørte hva jeg sa. Jeg synes ikke det er riktig, så jeg har besluttet meg for å følge etter Idieran og stoppe ham en gang for alle.

Levane var overrasket. Hun som hadde trodd at hennes mann og Idieran hadde rottet seg sammen mot henne. Så viste det seg at Pieudas likevel var på hennes side. For første gang på lenge kjente hun et drag av medfølelse, som hun ikke hadde kjent på lenge.

– Ja, det synes jeg også. Du bør dra med en gang. Du har ingen tid å miste.

Pieudas var overrasket. Han hadde ikke forventet at Levane ville høre på ham, og ikke minst være enig i hans tankegang. Det var plutselig oppstått et glimt av fortidens kjærlighet mellom dem. Kanskje dette var sjansen hans til å vinne henne tilbake? Han måtte ikke feile sin kone denne gangen.

– Skal bli, Deres Majestet.
– Du kan kalle meg kjære.
– Skal bli, kjære Levane.

Levane var glad. Nå ble ting så meget enklere. Pieudas ville selvfølgelig tape i strid mot Idieran. Det ville gi henne tid til å først finne Melusine, deretter få ofret henne. Så ville hun få tilbake tapt ungdom og gifte seg på nytt med Idieran eller kanskje Tervall? Eller hva med Jardis? Kunne hun kanskje få alle tre? Hva var egentlig reglene for en dronning med fallen konge? Hun måtte spørre Kiri, men først ut på tur.

Melusine vandret alene nedover hemmelige stier, opp og ned fjell og daler. Kroppen verket mer og mer og hun kjente at kjødet begynte å hige. Hun gikk bort til en bekk og slafset i seg vann. Kjødet brant. Hun ville ha en mann. Nei, to, nei, tre, nei, en hel flokk. Hun ville løpe tilbake til flokken og ligge hemningsløst med alle mennene.

Det svartnet nesten for øynene hennes. Men hvor var hun? Hvor skulle hun gå for å komme tilbake? Hun begynte å ule. Det var et ul hun aldri hadde ult før. Men hun visste hva det var. Det var paringshylet.

– Pul meg! Pul meg!, ropte hun.

Med ett så hun en skikkelse, en hann, på en knaus lenger oppe. Var det virkelig en hann? Eller var hun så omtåket at hun fantaserte? Det gjør ingenting om det er fantasi så lenge han ser virkelig ut. Håper han er et seksuelt monster, et kjønn i ulvedrakt.

– Pul meg! Pul meg nå!, ulte hun.

Ulet hennes blander seg med hans ul:

– Jeg skal pule deg som du aldri har blitt pult før, sa han uten å vite hvor sant det var.

De løper mot hverandre. Fort, hun holder på å snuble noen ganger, før hun faktisk gjør akkurat det. Han er borte hos henne før hun aner det. Han hopper ikke over henne med en gang som hun ønsker, men stryker heller snuten mot hennes.

Snuteberøringen er så sensuell at hun kjenner det kniper seg hardere i kjødet.

Hvem er denne mannen? Han er så sterk, men samtidig så øm.

Han fortsetter å kjærtegne henne over hele kroppen. Mens hun vrir seg og glefser av begjær, det er som om hun skal sprenges – hvert øyeblikk.

– Pul meg, ynker hun, kom inn i meg.

Han hører ikke etter, men fortsetter å stryke over henne, slikker henne. Hun dåner. Tror ikke det kan bli bedre. Så eksploderer det i henne, før han i det hele tatt har vært inni henne. I utløsningen, da alt er ekstase, presser han seg inn i henne.

Hun blir løftet høyere og høyere. Hun kommer gang på gang på gang, bølger som slår mot dønningene. Hver gang man tror man har nådd toppen, utslitt, så dukker det en ny topp opp, større enn den forrige, man orker ikke, men presses likevel opp mot den, og når man utmattet når den, så er det nok en topp.

Så slokner alt. Alt er rolig.

Tervall har vært heldig på jakt igjen. Kanskje det indre drivet i hans viten om at tronen kommer til å bli hans har gitt ham ekstra krefter? Ulvene er ikke så sultne som forrige gang så de har tiden for seg til å stelle i stand en skikkelig fest.

En fest med sang, musikk, dans og de tradisjonelle ritualene. Selv Kiri får lov til å fortelle en av de gamle historiene.

Hun forteller om den store Dronning Jennima, overlevende datter under Jourins regime. Om hvordan hun og hennes flokk hadde forflyttet leir fra de gamle, utbrente traktene, trosset alle farer og lagt ut på en vandring over 10.000 ulvekilometer før de kom til Månedalen hvor sekten har levd et godt liv siden.

Som takk får hun mer enn bare rester denne gangen. Det er ikke måte på velstand. Levane klarer på mystisk vis å dekke opp for fraværet av noen av flokkens viktigste ulver. Kanskje er det sånn at egentlig så er det ingen som bryr seg om annet enn fest og moro?

Når festen er over og ulvene ligger utmattet utover møtes Jardis og Juni.

– Hva er det, Juni?
– Jeg tror du vet det.
– Vi kan aldri komme tilbake. Hele flokken er en familie, Juni. Vi kan aldri elske hverandre fritt her. Kun når gudene besetter kongen og dronningen, kan man formere seg, ellers er det innavl.
– Det er nettopp det, tror du det kan være skadelig om vi ...?
– ... tror du virkelig på dette gudevåset, som om ikke Levane og Pieudas' omgang er like fysisk som den vi har ... hah.
– Men kjærligheten vår er ikke fysisk ...
– Nei, det er sant ... Ikke vet jeg, Juni, men hvis du ikke er 100% sikker på at du vil rømme, så gjør vi det ikke.
– Du har vel tvilt selv?
– Ja, jeg tviler i hele meg. Men jeg vet at uten deg, Juni, så har jeg ikke noe liv.
– Vi kan bli her og skjule vår kjærlighet som vi har gjort til nå.
– Ja, hvis du vil så kan vi det. Men jeg vet at jeg vil ha hele deg og kun deg.
– Jeg også.

Gløden i øynene deres kommer tilbake, flakkende og intenst. De løper avgårde ut av leiren. De tenker og føler som en.

Hun våkner. Hun kjenner at det verker i kroppen, men ikke sånn som før. Som en god utmattelse. Hun kjenner fortsatt lyst i kjødet, samtidig med at det verker litt. Hun vil ha mer. Hun snur på hodet og ser inn i øynene på en vilt fremmed ulv. Han er pen, penere enn Jardis, han er sterk, sterkere enn Idieran. Han er den vakreste ulven hun noen gang har sett. Er det en drøm?

– Hvem er du?
– Jeg er Dirave.
– Hvor kommer du fra?
– Solsekten, selvfølgelig, jeg er den eldste sønnen til Keiser Tevius.

Melusine kjenner et øyeblikk av frykt fare over seg. Solsekten er jo barbarer. Men denne Dirave ser ikke akkurat ut som noen barbar. Han oppfører seg jo som en gentleman. Dessuten er han så deilig – til å dø for.

– Men Solsekten, dere er jo barbarer!
– Ha, hvis det er noen som er barbarer er det dere i Månesekten.
– Hva prøver du å si, vet du ikke at du skal være underdanig en kvinne? Vet du ikke bedre enn å ikke spotte den fineste sekten som finnes, den som tilber Månegudinnen og alt som er vakkert?
– Vi er ikke kjettere, heller. Vi tilber Solen, den største. Vår keiser Tevius er en inkarnasjon av solen selv.
– Solen, pøh, den skinner jo om dagen, ulvene hersker jo om natten.
– Solen skinner alltid, unge mø, det er solen som gir månen kraft til å skinne om natten.
– Din frekke faen, din blasfemiker. Din, din, din ...
– Så så, lille frøken, fortell meg nå hvem du er.
– Jeg er Melusine, den kommende dronningen.

Melusine hopper lekent vekk fra Dirave. Hun reiser hals. Først nå kan Dirave se hvor vakker hun er. Aldri i sin stusselige eksistens har han noen sinne skuet noe så storslagent: Melusine er den skjønneste ulven på slettene. Til nå hadde det bare vært en lek for ham, men i dette øyeblikket så mister han sans og samling og faller i dyp forelskelse.

De svinser rundt hverandre. Melusine spiller kostbar, mens Dirave prøver å komme til. Han vil mer.

– Hvis vi gifter oss, Melusine, så vil våre to sekter bli som en og vi kan herske over den største og fineste ulvesekten noen sinne.
– Hvem vil vel gifte seg med en barbar som deg. Som ikke hilser opp til kvinnen som den største av dem alle?
– Hos oss deler vi rollene mer, vi er mer moderne, enn dere. Mennene

er størst, naturligvis, akkurat som solen. For at keiseren ikke skal være totalitær har vi også en yppersteprest og en sikkerhetsjef.

– Alle menn, naturligvis?

– Ja, alle er menn, sterke, stolte ulver som opprettholder rettferdighet.

– Hva med kvinnene?

– De leder skolene, omsorgen og hjemmene. De leder jakt og fiske.

– Kvinner som jakter? Det er det verste jeg har hørt.

– Kvinner har alltid vært bedre jegere.

– Tull.

– Nei, så sant som det kan være. Noen kvinner er også prestinner. Yppersteprestinnen har samme høye rang som yppersterpresten. På den måten kan vi hedre Solguden fullstendig og vi er den høyeste, mest ærefulle ulvesekt som finnes på jorden.

– Du er så hovmodig og full av sprøyt at jeg ikke vil se deg mer, stikk ellers får du Månegudinnens vrede over deg.

– Nei, kjære Melusine, jeg vil ha deg som min hustru. Jeg vil bli din. For deg, bare deg kan jeg være underdanig.

Melusine orker ikke spille kostbar lenger. Hun er atter så kåt at det falmer for henne. Hun slipper ham inn til seg. Så elsker de nok en gang som om det var den første.

Det er som mørket blander seg inn i luften. Luften trykker sammen. Et ubehag, intenst som få.

JAMBOO – NG

Flerrer stillheten. Det spyler blod ut av Diraves ham. Dirave faller sammen. Melusine ser fortvilet på ham. Diraves øyne prøver å fokusere på henne. Han hvisker.

– Jeg elsker deg ... tilgi meg, kjære.

Så dør han hen. Det er Jamboo-monsterene som har vært på ferde med sin grusomme magi. Melusine vet at nå må hun passe seg ellers blir hun det neste offer, men hun orker ikke. Hun sitter der ved sin kjære og gråter stille.

Tiden stoppet opp. Det er ingen som vet hvor lenge hun satt der.

Det var ingenting i verden som betydde noe lenger for Melusine. Hun ble plutselig pinlig klar over alt det meningsløse i sitt liv. At drømmemannen, den hun elsket, kjente hun bare et lite øyeblikk. Et øyeblikk i evigheten. Kanskje bar hun på resultatet av kjærligheten. Men lovene, de gamle lovene ville hindre henne å kunne leve med det. Hun hatet de gamle lovene. Kunne hun bare få sjansen, til en gang til å være sammen med Dirave. Hun ville aldri kunne elske igjen. *Han var død, hun var levende som død.*

Hun ble pinlig klar over flokkens egen svakheter og perversiteter. Hvordan Tervall og Idieran kjempet om plassen for kongetittelen, kjempet om plassen ved hennes side. Som om det ikke var hennes valg å velge? Hun var jo kronprinsessen. Det var hun som skulle bli den kommende dronningen og regjere i Månegudinnens navn.

Hennes mor, Levane, hadde alltid vist henne en kald skulder, oppslukt av maktens sødme. Var det dette som var å være dronning? Det kunne ikke Melusine tenke seg. Hun ville heller bli som Kiri: klok, allvitende som alltid visste råd for alt. Kjærlig og elskende. Hvem elsket Kiri egentlig? Eller var hun like tapt og ensom som de andre i flokken, siden ingen fikk lov til å elske.

Bortsett fra Jardis og Juni, da. Hun var den eneste i flokken som visste om dem. Hun hadde selv vært småforelsket i Jardis og spionert når det var anledning. Hun ønsket Juni og Jardis alt vel, men akkurat som alle de andre i flokken skjønte hun at de ville bli oppspist av rollene, av reglene ... Summen av det hele var at alt var komplett latterlig. Hun ønsket aldri å bli dronning. Hun ønsket å bære barnet fram til en ny sekt, en bedre sekt, med kjærlighet. Hun ønsket å være sammen med sin kjære for alltid.

Hun ulte opp til Månegudinnen.

– Gi ham tilbake til meg.

Om og om igjen.

Ingen vet hvor lang tid det tok før Månegudinnen viste seg for henne. Stor og hel og skjønn, majestetisk som bare en ekte gudinne kan være.

Melusine så opp mot gudinnen.

149

– Jeg skal gi ham tilbake til deg, men det koster, du skjønner hva jeg vil ha i gjengjeld?

– Ja!

– Dans, Melusine, dans.

Så danset hun, en vill og ustyrlig dans, som kom til fra urdypet hennes. Hun ble fylt av gudinnen og hun visste, visste hvor grusom prisen var. Hun takket gudinnen og fortsatte å danse.

Det var en og en halv uke siden Melusine, Jardis, Juni og Pieudas hadde forsvunnet. Flokken hadde vært i harnisk, det var ingen som skjønte hva som skjedde lenger. Levane måtte endre planene med å ofre Melusine og nå tenkte hun på å ofre en av sine andre døtre. Det måtte skje fort, hun kunne kjenne at hennes egen kropp sang på siste vers.

I alt oppstyret hadde hun likevel ikke hatt tid. Hun hadde også fått ut av Idieran at han hadde drept Pieudas i kamp. Idieran hadde aldri funnet Melusine, dog, så måtte det ha vært sånn at Melusine hadde vært kløktig nok til å unnslippe dem alle.

Idieran på sin side var fortvilet, veldig fortvilet. Dronningen hadde fortalt ham at hun aktet å ta ham til sin make. Skulle han, Idieran være gift med ei så gammel røy? Han brakk seg nesten bare ved tanken.

Ingen syntes å vite noe som helst om hva som hadde skjedd med Juni og Jardis. En dag kom budet. En av Solsektens ulver hadde kommet og overbrakt budskapet om at Solsekten ikke fant seg i at Månesekten hadde drept deres prins Dirave og at hvis de ikke underga seg den overlegne Solsekten, så ville blodet flyte. En krigserklæring.

Levane hadde skjønt at Melusine, Jardis og Juni var drept av Solsekten så hun la likeså godt skylden for Pieudas sin død på dem også.

Hele flokken stod samlet på en fjelltopp og skuet over Månedalen. På en fjelltopp på andre siden var Solsekten samlet. De var klare til strid. «Endelig, krig. Nå skal vi vise hvem som er sterkest.», tenkte Levane.

Hun lot Yniteri holde en lovende tale som fylte alle med villskap og hat. Så hadde hun sin egen tale som bygde oppunder krigslysten.

De var klare. Yniteri ulte utover dalen. Ulet ble besvart på andre siden.

Så kom det et annet ul, nedenfra sletten nede i dalen. Der kom Melusine dansende sammen med Dirave. Dirave var gyllen som solen, som en lysende skygge danset han rundt Melusine.

Deres dans var så underlig og vill at de lignet mer på to slanger som slynget seg rundt hverandre. Mens de danset sang de en underlig duett på en tunge ingen bortsett fra ypperteprestinnen og -presten forstod. Det var det gamle språket.

På en fjelltopp et godt stykke unna stod Juni og Jardis. De hørte ulene.

– Det er Melusine, sa Jardis.
– Og Dirave.
– Hvem er Dirave?
– Han er den kommende keiseren av Solsekten.
– Hvordan vet du det?
– Husk det var meningen jeg skulle bli heks, så jeg vet mer enn de fleste.
– Ja, det er sant, men hvorfor uler de sammen.
– Alt kommer til å bli annerledes nå, men det vil likevel ikke være plass til oss.
– Nei, vi er som elven og vannet ...
– ... frie, stadig på vei på nye eventyr.

Juni så dypt inn i øynene til Jardis. De tenkte og snakket som en: «Jeg elsker deg.»

Så løp de avsted.

«Kanskje var det sånn at jeg hele tiden hadde rett?»

Jeg sitter ute og kjenner vinden rive friskt i håret mitt. Den stryker over kroppen min. Jeg kjenner i hele meg at jeg er i live. Noen hundre meter unna slår havet mot land. Det uendelige, dype havet som rommet stadig nye hemmeligheter og skatter.

Jeg sitter på en sommerlig stol, ved et rundt bord og skriver disse ord. Disse siste ord som jeg noen gang kommer til å skrive. Men det er ikke noe trist med det. En epoke i mitt liv er over, faktisk så er alt det gamle over og et nytt liv har begynt.

Sant at ryggen fortsatt verker, men det er på bedringens vei. Det ble ikke bedre før jeg kom meg til en healer. Ikke en hvilken som helst healer, men en healer som passet til meg. Hun og hennes hjelpere smurte meg inn med kjærlighetsolje.

Man kan si hva man vil om man tror på healere eller ikke. Ikke bryr spørsmålet meg så mye, heller. Det som er godt, det som virker, det tror jeg på. Siden var det kinesiologi og fysioterapi. En salig blanding av fysisk, psykisk og åndelig føde og langsomt så har hverdagen snudd fra å være et helvete, hvor dagene bare kom og gikk mens jeg hatet dem alle. Til nå har hver eneste dag vært en skinnede mulighet til å leve og nyte – til å elske.

Jeg er sikker på at ryggen vil bli bra. At alt mørket til slutt vil svinne hen. Håpet var det som drev meg.

Det er en ting som slår meg mens jeg sitter her – det viktigste av alle ting jeg har å fortelle. Nemlig at Buddha tok feil. Buddha, som de fleste respekterer, også innen andre religioner, faktisk tok feil. Det er synd, for det rokker ved mye av den grunnleggende buddhistiske tro.

Jeg er på ingen måte ute etter å hakke på buddhismen, men heller komme med noen ord som gjør det hele bedre, som gir oss en bedre sjanse i det hele og som kan stimulere oss til å hige etter og jobbe for en bedre verden.

Det er på god tid å innse at setningen «Alt er lidelse», ikke er helt korrekt.

Buddha kom fra en rik familie og da han satt seg under det berømte treet, så var han så fylt av mørke at i det øyeblikk han ble opplyst og så sammenhengen i det hele – var han omringet av mørke parasitter som forkludret synet hans. Noe lignende det jeg gjorde da jeg var omsluttet av mørke og ondskap. Derav har Buddha tolket det til at alt er lidelse og at den eneste måten å komme ut av lidelsen er å oppløse egoet og bli en del av «altet» eller «intet».

Buddha må ha misforstått da han så «altet» (jeg velger her å ikke bruke de vanskelige og mer inngående betegnelsene på dette fordi det ikke er vesentlig i min forklaring) så han det med «tilslørte øyne».

Av dette kommer det også en annen grunnleggende feil, ikke gjort av Buddha selv, men som har oppstått som følgefeil i vesterniseringen av buddhismen. Jeg vil begynne med å gå inn på betydningen av ordet «karma». Ordet karma har en mye dypere betydning enn det vi ofte tilskriver det. For å forstå dette må man forstå livshjulet.

I livshjulet så er det forstått sånn at alle må være alt. At du i livets hjul, gjennom reinkarnasjoner, fødsel, død må være alle typer mennesker, eventuelt dyr, i alle situasjoner. Du må være fattig, rik, hore, horekunde, drapsmann og offer.

Det vil si at uansett hva du gjør og hvordan så er du bundet i en livssyklus der du må leve alle disse liv, om og om igjen i all evighet. Da skjønner du at karma får en helt annen betydning – den originale betydning.

154

Det har nemlig ikke noe å si om du er et godt eller ondt menneske, du må gjennom alle faser likevel. Den eneste måten å bryte denne spiralen på, bryte en livssyklus som kun er lidelse, er å gi slipp på egoet og bli en del av altet.

Ganske kjipt i grunn fordi det betyr at alt dette vakre rundt oss ikke har noe som helst mening, men kun det å slippe unna gir mening. Skjønner du hva jeg prøver å si?

Det er sant at Buddha så helheten. Han så hvordan universet, eller universene, alt som eksisterer og ikke eksisterer henger sammen. Hvordan alt er bundet sammen i en og samme kraft: Gud, Brahma, kjærlighet, lys – man kan gi det mange navn. Men han misforstod dette til å tenke at alle vi må være alt, at alt er et hjul som vi må igjennom.

Det paradoksale er at uten mesterens tilslørte øyne, Buddhas rike bakgrunn, uten den lidelse han selv gikk igjennom, som han lærer oss om, ville han aldri ha funnet den opplyste vei, han ville aldri ha beskuet helheten. Uten den, ingen buddhisme. Lidelsen er dog ikke noe annet enn en illusjon.

Jeg ønsker på ingen måte og sverte Buddha – det er mye ro jeg finner i Buddha, hans lære, hans person, hans åndelighet og det vet jeg mange andre finner også. Det er bare det at det finnes mye bedre håp enn den triste:

«Alt er lidelse.»

Dette skulle vært

«Alt er kjærlighet,
det finnes ingen lidelse.»

Nå vet jeg at jeg må forklare meg litt. Det er ikke alt som vi finner grusomt eller rått som er ondskap. Når det sterkeste hammerhaifosteret spiser sine fire brødre (eller søstre) så er det en nødvendighet for overlevelse. Det finnes ingen ondskap i handlingen. Ondskap oppstår først når man handler mot helhetens beste. Siden alt er en del av helheten, handler ondskap også mot seg selv.

Ondskap er derav ikke en del av livshjulet.

Ikke i et lite øyeblikk engang der jeg vandret i mørket, omgitt av ondskapen fantes det ondskap i meg. Aldri.

Det nytter å velge sine handlinger i livet, selv om det finnes gjenfødelse så høster du utifra hva du sår. Lever du i pakt med det gode, med helheten og kjærligheten – så vil du aldri trenge å leve onde liv.

Det nytter å leve godt. Det nytter å nyte livet. Det finnes mening. Kjærlighet og sannhet vil alltid vinne til slutt!

Det er ikke bare noe jeg håper – det er noe jeg forstår og vet.

Hun kommer gående mot meg med flagrende, sort hår. Hennes sønn kommer med. De smiler når de ser meg. Smil avler smil. Jeg reiser meg opp.

Jeg går bort til kvinnen jeg elsker. Kysser henne, så kjenner jeg og sønnen på magen hennes og det nye liv som er på vei.

Solen skinner så godt på oss. Jeg hører havets brus.

Det var ikke drømmer, men mørke skygger,

som vevde seg urolig rundt hennes kropp.

Dyvått i svette våknet hun til et deilig rolig rom.

Dynket av månens trygge klang.

Kanskje finnes det likevel haab?

Noen ord fra forfatteren:

Kjære leser, vi er nå halvveis på vår reise. Du lurer kanskje på om hva som kan gå galt nå som vi har kommet til selve håpet om et bedre liv. Men det er en lang og utrygg vei fra der nede til ting blir skikkelig bra. Du har til nå fått en god ide om hva og hvordan historiene går, du har fått innblikk i livet til mange fiktive personer. Personer som til tider har våknet til liv og snakket tilbake til meg, rett og slett tatt over historiene i nye retninger som ikke var planlagt. Jeg er kanskje forfatteren, men personlighetene i boka bryr seg ikke så mye med det, de vil sin vei og gjør det.

Produksjonen er gjort på veldig lavt nivå, og det er meg og noen få andre verdifulle hjelpere som står bak alt det arbeide som må til for at du sitter med denne boken. Så det er fint om du vil gi oss litt tilbakemelding om arbeidet, enten på nett eller på e-post don_chand@chasvag.com. Jeg vil også oppfordre deg til å spre ordet om boka til andre.

Det er fortsatt rom til flere i vårt lille produksjonsteam, og har du lyst å være med, så heng på!

Jeg lover at det blir nye overraskelser til neste gang og gleder meg å ha deg tilbake som leser.

Med vennlig hilsen
Chand Svare Ghei

Du har nettopp lest andre bok i Chand Svare Gheis fortellingstetralogi:

Bok 1
Nesten som magi
Er introduksjonen til et fiktivt univers nærmest som vårt, men med merkelige og uventede forskjeller. På vår reise mellom steder og genrer så er vi aldri trygge på hva som er virkelighet og hva som er fantasi.

Bok 2
Mørket – Håpet
Tar oss dypere inn i det fiktive universet, men denne gang til et dypere personlig plan. Individets kamp om tilværelsen. Personene vi møter, opplever sitt livs verste krise, ofte i situasjoner tilsynelatende uten utvei.

Bok 3
Regnbuepyttene
Når man noen ganger må gi slipp, gi opp, så er det faktisk der i brytningspunktet at man kommer til selve begynnelsen.

Bok 4
Idyll
Personer som vi har blitt glad i gjennom de tre første bøkene har på underlig vis strandet opp på en øy, plaget av et mordmysterium som sårt skriker etter oppklaring.

www.chasvag.com

www.ingramcontent.com/pod-product-compliance
Lightning Source LLC
Chambersburg PA
CBHW020902090426
42736CB00008B/469